JN439461

돼지꿈

현 대 수 필 가 1 0 0 인 선 · 36

돼지꿈

김수자 수필선

좋은수필사

■ 책머리에

수필은 누구나 부담 없이 읽고, 마음만 먹으면 직접 쓸 수도 있는 가장 친근한 문학이다. 다른 영역의 문학이 영상매체에 밀려 신음하고 있는 중에도 수필 인구만은 날로 증가하여 바야흐로 수필 전성시대를 구가하고 있는 이유도 거기에 있을 것이다.

시대적 추세에 힘입어 수많은 수필전문지, 수필동인지가 창간되고, 이에 비례하여 신진 수필가도 날로 늘어나다 보니 이제는 그 많은 작가, 그 많은 작품 중에서 문학성 높은 작품을 가려 읽는 일이 쉽지 않게 되었다. 이런 현상은 작가에게나 독자에게나 결코 바람직한 일이 아니다. 더 나아가서는 수필을 연구하는 후세들에게도 큰 부담이 될 것이다.

이런 문제를 해결하는 데는 출판인도 마땅히 한몫을 감당해야 한다는 평소의 소신에 따라, 본사가 기꺼이 그 역할을 맡기로 했다. 그 첫 번째 사업으로 시대를 대표할 만한 수필가 100인을 선정하고, 작가가 자선한 40편 내외의 작품을 수록한 문고본을 발간하여 이를 널리 보급함으로써 그 소임을 다하고자 한다.

본사는 사명감을 가지고 이 사업을 추진해 나가기로 했다. 작가 선정을 전담할 편집위원회를 구성하고 전권을 위임하여 일체의 사적인 정실이나 청탁을 배제함으로써 전문성과 공

정성을 확보해 나갈 것이다.

따라서 이 기획물 속에는 작가의 문학정신뿐만 아니라, 본사의 문학사적 기여 의지와 편집위원 제위의 수필문학에 대한 애정과 문인으로서의 양심이 함께 담겨 있음을 자부한다. 다만, 작가를 선정하는 기준에는 많은 견해의 차이가 있을 수 있고, 선정 과정에서도 미처 챙기지 못한 부분이 있을 것이라는 사실만은 인정하지 않을 수 없다. 이 점에 대해서는 관계자 여러분의 양해 있으시기 바란다.

이 시리즈의 발간 순서는 작가, 또는 본사의 사정에 의한 것일 뿐 그 밖의 어떤 기준도 적용하지 않았음을 밝힌다.

본 기획물이 시대를 초월한 많은 수필 애호가들의 관심과 애정 속에 우리나라 수필문학 발전에 한 이정표가 되기를 바랄 뿐이다.

2009년 2월

좋은수필 발행인 서 정 환
현대수필가 100인선 간행 편집위원 박 재 식 최 병 호
정 진 권 강 호 형
변 해 명

1_부

2_부

3_부

4_부

꽃밭에서

축혼비畜魂碑를 생각하며

여름아침

공포의 '라스포사'

오리 돌아오다

어머니

허수아비

첫 편지

은행나무

꽃밭에서

아직 어둑한 새벽녘에 마당으로 나왔다. 책을 뒤적거리기도 하고 텔레비전을 보면서 날이 밝기를 기다리다가 나왔다. 얼른 마당을 둘러보고 싶었던 것이다. 꼭 누가 나를 마당으로 불러내기라도 하는 것 같다. 마당에 핀 꽃들의 정령일 게다. 아직 여명이 오기엔 이른 시간이다. 바람의 방향이 바뀌고 별빛이 희미한 것이 곧 새벽이 올 징조다. 나는 바람의 움직임을 알 수 있다. 우리 집 뒷산 골짜기는 굴뚝과도 같아서 아침에는 마을에서 산 위로 바람을 올려 보내고 저녁에는 산 위에서 마을로 바람을 데려온다.

아침과 저녁, 하루 두 차례 바람이 바뀌는 잠깐 동안은 무풍지대처럼 조용하다. 버드나무 잎새도 움직임을 멈추고 새들도 동작을 멈춘다. 지금이 그런 시간이다. 지상의 온갖 냄새가 골짜기를 따라 산 위로 올라가는 바람에 공기는 청정 그 자체다. 마당은 꽃들의 속삭임으로 가득하다. 꽃들은 밤새 펌프질한 향기를 세상으로 내보낼 만반의 준비를 끝낸 얼굴이다. 꽃잎에 내려앉은 이슬은 길 떠날 채비를 시작한다. 하루 내내 떠올랐던 세상의 먼지를 가라앉히고 욕망으로 들떴던 우리들 마음도 가라앉힌다.

아침 해가 비칠 때 꽃잎에 앉은 이슬방울의 빛깔은 찬란하다. 다이아몬드도 이렇게 영롱할 수는 없다. 반짝거리는 이슬방울은 햇빛의 방향에 따라 보석이 되기도 하고 그냥 물방울이 되기도 한다. 이슬에 세수한 꽃들의 얼굴은 상큼하고 희망에 차있다. 나는 마당의 구석구석을 돌며 일일이 꽃들에게 인사한다. 오늘 새로 피어난 꽃, 며칠째 피어있는 꽃, 어제 이사온 꽃들, 풀을 뽑아낸 자리에 옮겨 심은 꽃, 옮겨 심을 시기를 놓쳐 엉거주춤 피어있는 꽃… 어느 것 하나 내 손을 거치지 않은 것이 없다. 씨앗을 뿌린 것과 삽목한 것, 더러는 얻어온 것도 있고, 선물 받은 것, 장에 갔다가 반찬 대신 사온 것들도 있다. 뒷산에서 손수 파다 심은 것과 저 혼자 날아와 싹을 틔운 것들도 있다. 이름 모르는 꽃들도 많다.

쓰러진 가지들엔 지주를 세워주고 잘못 가고 있는 박의 순을 바로 잡아준다. 어느새 아기 주먹만한 박을 달고 주변의 풀꽃들에 덩굴손을 착착 감으며 힘찬 행진을 하는 박. 심은 적도 없는 박이 마당 곳곳에 나와 하얀 박꽃을 터뜨렸다. 박은

맹렬한 기세로 뻗어나간다. 눈 깜짝할 사이에 낙지의 빨판 같은 덩굴손을 뻗쳐 주변을 장악한다. 꽃들이 얌전하게 피어있는 꽃밭에는 어울리지 않는 박 순이다. 뽑아버려야지, 사나흘 기회를 보고 있었는데 어느새 꽃을 피우고 박을 맺어 지금은 옮겨 심을 수도 없는 처지가 되고 말았다.

"얘, 힘없는 이웃의 숨통을 조이면 안 되잖아?"

중얼거리며 다른 꽃들의 사이로 길을 잡아준다. 박 순들은 용케도 말귀를 알아듣는 눈치다. 내가 잡아주는 길을 따라 오르락내리락 열심히 달리기를 한다. 제 자리에서 얌전하게 꽃 피우는 여느 꽃들과는 달리 박 순에서는 생동감이 넘친다. 사람의 얼굴 생김새가 다르고 성격이 각각이듯이 꽃들의 생태도 제각각이다. 위로 자라는 녀석, 땅위를 기어가는 녀석, 남을 감고 크는 녀석…, 마당은 꽃들의 경연장이다.

꽃을 키우기 시작하면서부터 나는 '식물인간' 이란 말이 잘못 되었음을 알게 되었다. 혼자 움직이지 못하고 생각도 하지 못하고 숨만 붙어있는 사람을 '식물인간'이라고 하는데 이는 식물을 모독하는 말이다. 식물은 표정도 짓고 저 살기 좋은 곳, 저 가고 싶은 곳으로 뻗어가니 생각이 없거나 움직이지 못하는 것이 아니다. 식물의 종족보존본능은 다른 동물에 뒤지지 않는다. 다른 장소에 옮겨심기를 하면 서둘러 꽃을 피우고 씨앗을 맺는다. 혼신의 힘을 다해 땅내를 맡고 꽃을 피워내는 모습은 눈물겨울 정도다. 목마른 사람이 물을 찾듯 꽃도

목말라 하고 고통스러워한다.

이 마당은 지난해까지만 해도 잡초로 뒤덮여 제초작업에 골머리를 앓던 곳이다. 한여름을 나기 위해서는 대여섯 번이나 잡초를 베어 내야한다. 여름이 오기 전에 '잡초와의 전쟁'을 선포하고 잡초를 제거하기 위한 온갖 방법을 강구해야한다. 처음엔 호미와 낫으로 대적하다가 마침내 예초기를 동원하고 끝내는 제초제를 뿌려 항복을 받아내던 곳이다. 칼도 창도 가지지 않은 잡초를 상대로 나는 날마다 낫을 휘두르고 생명을 죽이는 일에 골몰했던 것이다.

그 반목과 갈등의 장은 불과 한 계절 사이에 꽃밭으로 돌변하였다. 그래, 돌변하였다는 표현이 맞다. 갑자기 꽃을 심어야겠다는 생각이 들었고 그 생각은 즉시 행동으로 옮겨졌다. 사람이 다니는 길엔 돌을 깔고 나머지 공간엔 모두 꽃을 심었다.

지금 마당엔 봄꽃이 지고 여름 꽃이 한창이다. 세상에 겸손한 꽃, 동자꽃이 피었고(어느 시인은 동자꽃을 세상에서 가장 겸손한 꽃이라 했다)저녁이면 열아홉 순정의 분꽃이 핀다. 화무십일홍花無十日紅이라더니 백일홍이 피었고, 어떻게 넘어왔는지 백두산 두메양귀비도 피었다. 갈등과 적개심이 만연하던 마당에 화해와 평화가 만발하였다. 내 소원 하나 있나니, 흉흉하던 풀밭이 변하여 향기로운 꽃밭이 되듯 내 마음의 밭도 저러하기를!

축혼비畜魂碑를 생각하며

올해(2007년)는 6백년 만에 돌아오는 '황금 복돼지해'라고 벽두부터 세상이 떠들썩하다. 황금 복돼지 저금통을 만드는 공장은 철야작업 하느라 즐거운 비명을 올리고, 백화점을 비롯한 상점들은 황금 복돼지를 내세워 돈벌이에 열을 올리고 있다. 황금 복돼지를 먹으면 몸속에 절로 횡재와 복이 쌓일 것 같아 돼지고기 소비량이 늘어나고…. 온갖 선심성 정책을 내걸어도 올라가지 않던 출산율이 올해는 대폭 늘어날 전망이라고 한다. 황금 복돼지해에 태어나는 아이들은 건강과 재운을 타고난다는 속설이 있기 때문이란다.

누가 뭐라 해도 황금 복돼지해의 특수를 누리는 사람은 '돼지엄마'가 아닐까? 새해 첫날 내보낼 황금 복돼지의 얼굴사진과 우렁찬 목소리를 녹음하려는 신문과 방송사의 전화응대로 비명 아닌 비명을 질렀으니까. 그러나 전문가들에 의하면 '유전자변이'나 '황달'이라면 모를까 실제로 황금 복돼지란 있을 수 없단다. 정작 주인공인 돼지들은 자기들의 해가 돌아왔다고 해서 특별대우를 받는 것도 아니고 달라진 거라고는 아무것도 없다. 어쩌면 사람들에게 이런 부탁을 하고 싶을 지도 모르겠다. 돼지해인 만큼 돼지들이 행복하고 건강하게 해주십사하고….

삼십 수 년 돼지농장하며 터득한 게 있다면 동물의 세계에도 인간세상 이상의 것들이 있다는 점이다. 오랜 세월 그들과 함께 생활하다보니 짐승이라기보다 '버릇없는 아이'를 대하는 느낌이다. 때로는 그들에게서 많은 것을 배우고, 웃기도 하고, 울기도 하므로 나는 돼지를 통해서 세상을 바라보는 거나 마찬가지다. '돼지만도 못한 인간'이라는 말이 실감나는 순간이 많다. 돼지라면 우선 더럽고 미련하고 욕심 많은 사람의 대명사쯤으로 치부하지만 나는 이 못생긴 돼지를 고고한 기품의 난蘭과 동일선상에서 비유하기를 좋아한다. 모르긴 해도 도道의 경지에 이르면 대화가 가능하고 주인의 눈빛을 느끼며 자란다는 난蘭처럼 돼지 또한 애정을 받은 만큼 잘 자란다.

1987년에 캐나다의 '돼지정자회사'를 방문한 적이 있다. 그 회사직원들은 돼지의 우량정자를 원하는 시간, 원하는 장소에 공수할 수 있다며 판매홍보에 열을 올렸다. 우리들은 진일보한 축산기술에 대한 놀라움과 사양농가의 편의에 한몫을 하고 있다는 점에서 아낌없는 찬사를 보냈다. 사실 능력 좋은 수퇘지 한 마리를 건사하는 비용을 감안하면 값싸고 고마운 기술이 아닐 수 없었다.

이듬해에 미국의 한 정자은행에서 정자기증자의 신상명세서를 우리나라에 우송했다는 기사가 신문에 나왔다. 명세서에는 정자기증자의 키, 몸무게, 눈동자와 머리카락색깔, 취미, 나이, 지능지수… 등이 적혀있다고 했다. 이것은 돼지의 경우가 아니고 사람의 이야기다. 가정의 울타리가 무너지고 윤리의 실종을 개탄하는 목소리가 비등했었다.

이십여 년 사이에 우려했던 일이 현실로 나타나고 있다. 정자제공자인 '아버지 찾기'나 동일정자로 태어난 '형제 찾기'가 인터넷상에서 유행하고 있다한다. 이미 인기정자(키 185센티미터, 푸른 눈, 지능지수 145 등등)의 2세들이 동호회를 만들었고, 부자상봉도 이루어졌다는 소식이다.

동물의 세계에서도 지금은 유전공학을 넘어 동물침술이나 동물심리학이 연구의 대상이라고 한다. 물론 연구의 최종목적은 인간을 위한 것이다. 얼마나 많은 동물들이 인간의 질병연구나 치료의 목적 또는 인간의 이기심을 위해 희생되었을까.

연전에 가축위생연구소에서 '축혼비畜魂碑'를 세웠다는 기사를 읽고 공감이 컸다. 축혼비의 비문은 '… 한 목숨 버려 열 목숨 구한 …' 이란 내용이라 한다. 나도 축혼비 앞에서 무릎 꿇고 싶을 때가 있다. 초창기에는 사양기술의 부족 또는 관리

소홀로 무고하게 생죽음당한 돼지들이 많았다. 화마와 질병으로 희생되는 경우도 있다. 애지중지 키워서 도축장으로 보낼 때도 심사가 편치 못하다. 도대체 돼지의 바람직한 삶이란 무엇일까? 애처로운 눈빛과 허공을 찢는 비명을 듣지 않으려고 눈을 감고 귀를 막고 생각에 잠긴다. 맛있게 요리되어 사람의 식탁에 오르는 것? 고급영양원으로 사람에게 힘찬 에너지를 공급하는 것? 그렇다면 너희들이야말로 괜찮은 일생을 살은 셈이다.

'… 한목숨 버려 열 목숨 구한 그대 넋이여 위안 받으소서 ….'

여름아침

'봄은 저녁, 여름은 아침'이라는 말이 있다.

여름아침은 일찍부터 시작된다. 부지런한 이웃집 아저씨가 경운기를 몰고 밭으로 간지 한참 후에야 동녘이 밝아오기 시작한다. 여름아침은 봄날의 저녁처럼 서서히 열린다. 느림을 즐기는 명상가의 발걸음처럼 느릿느릿 걸어온다. 아침의 공기는 삽상하고 성가신 모기들은 아직 잠에서 깨어나지 않았다. 저녁나절의 후끈거림도 없고 모기떼의 극성이 없으니 바깥에서 돌아다니기에 알맞은 시간이다.

어제 저녁 해질 녘에는 내 키만큼 자란 망초를 뽑다가 모기들의 집중공격을 받았다. '모기 앞에서 칼 뺀다'는 말이 생각나서 혼자 씁쓸하게 웃었다. 정말 칼이라도 뽑아 휘두르고 싶을 만큼 아팠다. 모기들은 소리 소문 없이 다가와 피를 뽑아먹고는 불자동차처럼 앵앵 소리를 내지르면서 달아난다. 이 흡혈귀들은 여름의 저녁시간을 차분히 만끽할 여유를 허락하지 않는다. 노을을 감상할 여유나 별이 빛나는 밤의 낭만은 그림의 떡이다. 피 한 방울이라도 헌납하지 않으려면 서둘러 저녁을 먹고 모기장 속으로 피신해야 한다. 모기장 속에 갇혀서 어느 시인의 '모기장'이라는 시를 떠올리며 웃음 짓는다. 모기들을 가두어야할 모기장 속엔 사람이 갇혀있고 모기들은 넓은 세상에서 활개치고…….

새벽에 일어나자마자 엊저녁 뽑다만 망초를 다시 뽑기 시작한다. 보이는 대로 뽑아내지 않으면 집안이 온통 망초 밭이 될 판이다. 요즘은 씨앗을 맺는 시기라서 열일을 제쳐두고 잡초를 뽑아내야 한다. 잡초는 번식력과 생명력이 참으로 뛰어나다. 어제는 영농교육원에서 잡초에 대해서 배웠다. 인간에게 결혼이 '인륜지 대사' 듯이 잡초에겐 번식이 '잡초지 대사'라고 한다. 잡초가 자손을 번식하는 방법에는 성적인 관계를 맺어 자손을 생산하는 〈유성생식〉과 성적인 관계를 맺지 않고도 자손을 생산하는 〈무성생식〉이 있다.

유성생식 하는 잡초들은 주변 환경이 풍요로울 때는 주위에 있는 잡초와 성적인 관계를 맺지만 주변 환경이 극도로 나쁠 땐 자기 자신과 성적인 관계를 맺는다. 바람, 물, 동물, 인간을 이용하여 자손을 퍼뜨리며 한번 교잡하면 수천수만 개의 종자를 맺는다니 잡초와의 전쟁은 애초에 포기하는 것이 현명하지 않을까. 전쟁보다는 화해나 공존의 방법을 찾는 것이 빠를지도 모르겠다. 자위행위로도 생명을 잉태할 수 있다니(!) 이런 맹랑한 족속이 세상에 또 있겠나. 이 땅의 주인은 인간이 아니라 잡초였다는 잡초학자들의 주장에 공감이 가는 대목이다.

그러나 이 녀석들의 왕성한 성장력도 '처서'가 지나면 수그러지고 만다. 더위가 물러가는 처서를 기점으로 잡초의 성장은 한풀 꺾인다. 그래서 나는 24절기 중에서도 처서가 제일 기다려진다. 그렇다고 손놓고 앉아서 어서 가을이 오기만을 기다리고 있을 수는 없는 노릇이다. 잡초들과 친해지는 묘안을 찾아 내야한다. 잡초가 뿌리내릴 틈을 주지 않고 꽃을 심는 것이 한 방법이 되지 않을까. 솎아서 쓰레기장에 내다버린 봉숭아포기들을 주워와 풀을 뽑아낸 곳에 다시 심는다.

풀 뽑기를 끝내고 아침마다 회진하는 의사처럼 마당을 일주한다. 앞뒤마당이 온통 나비들의 춤사위로 가득하다. 꽃잎 속에 더듬이를 깊숙이 묻고 동작을 멈추었던 나비는 한참 만에 만족스런 몸짓으로 날아오른다. 새 중에 부지런한 새는 종다리다. 여명이 시작되기 전부터 종다리는 하늘에서 우짖는다. 나무도 없고 꽃도 없는 허공에서 울어댄다. 꼭두새벽에 짝을 찾는 종다리의 울음은 아름답다기보다 비장하고 애처롭기까지 하다.

당귀 꽃이 하얗게 피었다. 이 당귀는 장날 약초 상에서 사온 북한산이다. 중국산이냐는 내 물음에 '국산' 이라던 젊은 아낙은 곧 북한산이라고 정정했다. 중국산보다야 북한산이 훨씬 듣기 좋다. 다 같은 땅이니 어디서든 뿌리내리고 잘 자라면 되지 않겠느냐. 억세고 비쩍 말랐던 것들이 금방 땅내를 맡고 꽃을 피우니 마치 탈북자가 자유의 땅에 정착한 것 같다. 고추 모종은 병이 들었는지 시름시름 시들거리더니 하나 둘 쓰러진다. 오이도 꽃은 피었지만 젓가락 같이 가는 열매를 두엇 맺은 게 전부다. 가지는 손가락만한 열매가 하나씩 달렸고 제일 성적이 나은 것은 상추와 쑥갓 레드치커리다. 얘들은 몇 번이나 손님상에 올라 인기를 끌었다. 집에서 키운 상추는 시장에서 사다먹는 것보다 맛이 월등하다. 비료를 주지 않고 밭에서 바로 뽑아오는 싱싱함 때문인가? 원추리와 부처꽃에게 인사를 나누고 나의 아침회진은 끝이 났다.

아직 해가 올라오기 전에 하루 일을 끝마치니 나머지는 덤으로 주어진 시간이다. 일 나갔던 이웃집 아저씨의 경운기 소리가 돌아온다. 아침 식사를 하러오는 길인가 보다. 마당이 내다보이는 토방의 쪽마루에 앉아 '8보국화차'를 마신다. 차상茶床에서는 소나무 향기가, 국화차에는 8가지의 보신용 열매와 국화향이 어려 있다.

봄 저녁 한 시간은 천 냥에 값하나니… 라고 읊었던 중국 시인이 생각난다. 그렇다면 여름아침 한 시간은 만 냥에 버금가지 않을까. 밤에서 아침으로 변화하는 새벽은 마치 겨울에서 깨어나는 봄과 같아 그 세력이 대단하다고 한다. 이유 없이 여기저기 아픈 사람은 새벽에 조용히 깨어있는 것만으로 치병의 효과가 있다하니, 여름아침을 잃어버린 사람은 하루를 잃은 사람이며 삶의 진수를 잃어버린 사람이리라. 좋은 아침!

공포의 '라스포사'

서울로 이사 간 옛 이웃사촌한테서 전화가 왔다. 그녀는 여차여차해서 〈라스포사〉의 판매사원이 되었는데 곧 순천에서 할인매장이 열린다고 알려왔다. 나는 그 전화를 받고 두 가지 면에서 놀라움을 금할 수 없었다. 하나는 오랜만에 옛날 이웃을 만난다는 기대감이었고 다른 하나는 '라스포사'라는 단어가 주는 놀라움이었다.

초등학생 때 헤어진 아이들이 시집 장가 갈 나이가 되었으니 밀린 이야기도 산더미 같을 것이다. 15년의 회포를 풀기 위해 우리는 하루 밤쯤 꼬박 새워야할지도 모른다. 나는 재빠르게 분위기 있는 찻집과 맛있는 식당을 머릿속에 그려본다. 그런데 내 사촌은 할인행사장에 '돈 많은 인맥을 동원하라'는 주문을 내린다. 뒤통수를 한 대 맞은 듯 눈앞이 캄캄해온다.

돈 많은 인맥이라? 나한테 그런 인맥이 있을 턱이 없지만 설사 있다 해도 그들에게 심적인 부담을 주고 싶은 마음이 조금도 없었기 때문이다.

나는 가능성이 없는 주문에 대하여 진지하게 그리고 열심히 고사苦辭의 변을 늘어놓았다. 우리는 서로의 입장을 고려한 끝에 내가 최저가의 옷을 하나 구입하는 것으로 합의를 보았다. 무슨 '목폴라' 라는 옷이 제일 싼 가격이라고 했다. 적어도 이 정도면 이웃사촌으로서의 도리는 하는 거겠지. 휴우, 안도의 숨을 내쉬기도 전에 라스포사의 충격이 몰려왔다. '날아가는 새도 떨어뜨린다'는 법무장관의 모가지를 하루아침에 댕강 날려버린 문제의 메이커가 아닌가. 시골구석에 앉아서 라스포사를 구경하는 것이 무슨 대단한 시혜처럼 생각되어 나는 얼른 사흘이 갔으면 하고 조바심이 났다.

드디어 행사당일. 내 이웃사촌은 라스포사의 판매사원이 되더니 더욱 우아하고 세련된 매너로 분위기를 압도했다. 늘씬한 몸매는 판매사원들 가운데서도 으뜸이었다. 그런 이유에선지 그녀는 밍크코너 전담이라고 했다. 제품을 설명하는 화술 또한 청산유수였다. 매장을 한 바퀴 돌아보고 나서 약속한 '목폴라'를 보여 달라니까 내 이웃사촌은 그것은 내게 어울리지 않는 옷이라서 볼 필요도 없다고 했다. 대신 밍크코트를 들고 나와 입혀주었다. 라스포사 제품 중에서는 밍크를 최고로 알아준다는 것이었다. 이것은 '깎은 밍크'라서 동물보호협회 사람들도 알아보지 못한다, 털이 짧기 때문에 운전할 때도 거추장스럽지 않다, 이태리 직수입… 등등. 주워섬기는 항목들이 수십 가지에 이르렀고 옆에 있던 판매사원이 둘이나 가세해서 선전공세를 펴는 바람에 나는 내 정신이 아니었다.

"나이에 맞게 옷을 입으셔야죠. 사돈 볼 나이에는 이런 밍크 정도는 입어야죠. 딸 며느리 대물림에다, 글 쓸 때 어깨에 두르면 글이 더 잘 나올 겁니다. 현금으로 끊으시겠어요? 그러면 내가 오십만 원을 보태 드릴게요. 일천 오백짜리 50퍼센트 세일해서 칠백 오십에, 거기에다 다시 내가 오십을 보태드린 다니까요."

- 아이고 하느님, 이건 또 무슨 계산법입니까? 절반을 자르고 오십 만원을 기부 받아서 칠백이라고? 칠백이면 돼지가 오십 마리네. -

나는 돼지를 키우기 때문에 액수가 상상되지 않을 때는 돼지 마릿 수로 환산해보는 버릇이 있다. 돼지 오십 마리라니, 그 무거운 것을 내가 어떻게 걸치고 다니라고? 그러잖아도 구제역이니 환경오염이니 해서 코가 석자나 빠져있는 판에…….
나는 궁여지책으로 남편한테 의논해보겠다는 핑계 아닌 핑계를 댔다.

"아니 순천의 재벌마님께서 이 정도를 가지고 남편을 팔다니요. 언제부터 그렇게 되었나요?"

나는 점점 좁쌀여인으로 낙인 찍혀 시궁창으로 팽개쳐지는 낭패를 맛보았다. 자존심도 의리도 모두모두 구겨져서 쓰레기통으로 쳐 박히는 모멸감에 빠졌다. 나는 정신을 놓지 않으려고 안간힘을 쏟은 끝에 결국 매장을 빠져나오는데 성공했지만 종일 찜찜한 기분을 떨쳐버릴 수가 없었다. 도대체 일이 어디서부터 이 지경으로 엉켜버렸는지 어디서부터 풀어야할지 난감했다. 우선 이웃사촌에게 전화를 걸어 내가 도와주지 못한 것을 사과하고 저녁식사를 약속 받았다. 나는 사양하는 그녀의 밥그릇에 자꾸만 밥을 얹어주며 이상한 죄책감을 덜어보려 애썼다. 그리고 다시는 매장에 나가지 않았다. 붙들리면 또 무슨 변수(혹시 내 마음이 변해서 밍크코트를 사게 되지나 않을지)가 생길지 걱정이 되었던 것이다.

할인행사가 끝나고 서울로 돌아간 이웃사촌한테서 전화가 왔다. 우리는 서로 도움이 되지 못한 것에 대해 사과하고 유쾌하게 웃었다. 가슴에 얹힌 바윗덩이가 빠져나간 듯 숨이 탁 트였다. 잠시 우리 사이가 불편했던 것은 저 라스포사의 유령의 장난이었던 것 같다. 참고로 '라스포사'는 이태리어로 '신부新婦'라는데 신부와는 너무나 동떨어진 유명세에 다시 한번 놀랐다.

오리 돌아오다

어둑새벽에 전화가 걸려왔다.

"오늘 모 심으니께 오리 데리고 가시시오. 모 심은데 들어와서 밟고 다니면 모 다치니께."

상대를 확인하거나 자신을 밝히지도 않고, 앞뒤 인사말도 없이 이 두 마디를 끝으로 전화는 끊겼다. 요즘 음란전화가 성행한다더니 꼭두새벽부터? 그런데 음란전화치고는 내용이 좀 이상하다. 잘못 걸려온 전화겠지…….

오리무중의 안개 속을 헤치고 전화의 주인공이 떠오른 것은 아침을 먹고 한나절이나 지나서였다. 전화의 주인공은 〈큰조센〉 아저씨였다. '큰조센'은 조씨 일가의 맏이라는 뜻이다. 그러니까 오늘 큰조센 댁에서 모내기를 하나본데 그 집 웅덩이에 살고 있는 우리 오리를 냉큼 데려가라는 전화였던 것이다. 웅덩이의 주인 큰조센은 부지런하고 깐깐하기로 동네에 소문이 났다. 남의 일에 감 놔라 배 놔라 참견하는 일도 없고, 가게에서 술 마시고 어영부영 하는 일도 없다. 수십 년 한마을에 살면서도 얼굴 마주보고 인사를 나누는 일도 없다. 평생을 논밭에서 지내며 손끝으로 농작물을 가꾸는 사람이다. 그의 논 가장자리에는 그가 손수 팠다는 열댓 평 정도의 웅덩이가 있는데, 웬만한 가뭄에도 풍작을 거두는 것은 이 웅덩이 덕분이라고 한다.

큰조센이 자신의 수족처럼 아끼는 웅덩이에 우리 집 오리가 살고 있는지도 몇 달째다. 음란전화겠지 하고 한나절을 허송해버린 나로서는 발바닥에 불이 붙은 듯 기함을 했다. 그 깐깐한 성미에 몇 달을 참아준 것도 어딘데 더는 미룰 수 없는 상황이었다. 다급한 김에 웅덩이로 달려가 보았다. 애타는 주인은 안중에 없이 오리는 늠름하고 평화롭게 지내고 있었다. 깃털은 깔끔한 것이 윤기가 흐르고 몸집은 전보다 통통해졌다. 온갖 재주를 부리며 자맥질에 정신이 없었다.

우리 집 오리가 큰조센의 웅덩이에 둥지를 튼 것은 지난 겨울부터였다. 지난겨울, 오리집을 철거했다 다시 지었는데 그 때 집을 나가 돌아오지 않는다. 통풍이 잘 되고 햇빛이 잘 드는 굵은 향나무들 사이(건강한 알을 낳을 수 있는 최적의 여건일 것 같아)에 원래의 철망과 문짝을 옮겨 달고 오리를 찾아 나섰다. 나가 놀던 닭이 저녁이면 집을 찾아들 듯이 오리도 들어오겠지, 제 집 대문을 보면 찾아오겠지, 그러기를 날이 가고 달이 가도 오리는 돌아오지 않았다. 때는 겨울이라 먹이는 무얼 먹고, 알은 어디다 낳고, 잠은 어디서 자는지 애가 탔다. 멋없이 꽉꽉 거리던 울음소리도 그리웠다. 마을 사람들에게 오리 못 봤느냐고 수소문을 하고 다녔다. 저수지에서 봤다는 둥 들판에서 봤다는 둥 소문이 각각이었다. 누가 잡아갔지 지금껏 살아 있겠느냐고 말하는 사람도 있었다.

천지에 눈이 뒤덮인 날, 산 밑의 저수지까지 가보았다. 저수지 물이 얼어 동사했으면 주검이라도 찾아 묻어줄 요량이었다. 그러나 저수지 어디에도 오리의 흔적은 없었다. 허탕치고 오던 길에 큰조센의 웅덩이에서 오리를 찾아냈다. 마른 풀덤불과 먹을거리가 넉넉한 웅덩이는 오리가 살기에 좋은 곳이었다. 오리 알은 어떻게 되었나, 주변을 살펴보았다.

내가 궁금했던 것은 오리 알이었다. 짐승이라고는 무엇 하나(돼지를 키우니까 돼지는 빼고) 탐탁스러워하지 않던 내가 오리를 키우기 시작한 것도 실은 고혈압에 좋다는 알을 얻기 위해서였다. 기분 따라 두통이 오락가락해서 검사를 받아보니 '심인성고혈압'이라고 했다. 약을 먹을 정도는 아니고 스트레스를 받지 않는 것이 중요하단다. 그 길로 오리 3마리를 사다가 키우게 되었다. 마른 풀덤불 속에도 알은 보이지 않았다. 웅덩이 속에 가라앉아버렸나? 가출한지 수삼 삭朔이니 웅덩이 바닥에 오리 알이 수십 개는 있을 텐데. 오리 알 찾자고 남의 웅덩이 물을 함부로 퍼낼 수도 없는 일. 알이야 어떻게 되었건 오리를 찾은 것만으로도 기뻤다.

오리가 살아있는 것만 다행스러워서 나는 편한 마음으로 돌아왔다. 그 웅덩이에서 그냥 살게 내버려두고 싶었다. 오리가 웅덩이에서 산다고 누구에게 폐가 될 것은 없지 않은가. 아니면 웅덩이 주인에게 허락을 받아야하는지 판단이 서지 않았다. 나는 심심하면 오리를 보러 갔고 마을사람들에게도 오리는 화젯거리가 되었다. 나를 보면 "오리 잘 있더마." 하고 오리안부를 건네주기도 하고 "오리가 아무래도 주인 닮은 것 아녀?" 라는 말도 했다. 키우는 개가 주인 닮는다는 말은 들었어도 오리가 주인을 닮는다는 말은 금시초문이다.

아무튼 오늘로 오리들의 영일寧日은 끝장이다. 아니, 지금 오리들의 안녕을 걱정하고 있을 때가 아니다. 모 한포기라도 다치는 날엔 무슨 불호령이 떨어질지 아찔하다. 여차하면 물속으로 숨어들고, 공중으로 날아오르고, 땅위를 쏜살같이 달리는 오리를 무슨 재주로 잡아들일 것인가. 당신네 웅덩이에서 살았으니 몸보신이라도 하라고 애원했지만 이도 거절당했다. 아무려면 하늘이 무너져도 솟아날 구멍이 있다는데 오리 세 마리가 나를 어찌하랴.

그 날 밤 우리 가족들은 모종의 정보를 입수하고 오리를 포획하는데 성공했다. 큰조센의 웅덩이에 쳐들어온 황소개구리가 먹이를 싹쓸이하는 바람에 굶주린 오리들이 먹이사냥을 다

닌다는 정보였다. 하루 두 차례 농장에 나타나 돼지사료를 기웃거리는 틈을 놓치지 않았던 것이다. 무려 6개월만의 귀가였다.

시원한 향나무 그늘에 앉아 명상에 잠긴 오리들. 그 웅덩이와 해방시절의 자유를 그리워하고 있을까. 아니면 늦게나마 주인에게 알을 선사할 궁리를 하고 있는 걸까. 그 표정이 참으로 오리무중이다.

어머니

친정어머니는 올해 일흔 다섯이다. 지난달에 생신이 지났다. 그날은 일요일이었는데 찾아뵙기는커녕 그만 날짜를 깜빡 잊고 말았다. 굳이 변명을 하자면 2박 3일간 실습 나온 손님들 치다꺼리하느라 경황이 없었던 탓도 있었다. 손님들은 서울에서 왔다. '양돈' 관련의 잡지사 직원들인데 돼지에 관한 책을 만들면서도 돼지를 가까이 한 적이 없다고 우리농장에 실습을 왔다. 다섯 명의 실습생 중에는 이곳에 와서 난생처음 돼지를 보았다는 아가씨도 있다.

서울 근교에도 돼지농장이 많을 텐데 굳이 먼 곳까지 내려온 열의에 보답하고자 나는 좋은 실습이 되도록 최대한의 배려를 했다. 실습 나온 사람에게 최대한의 배려란 짧은 기간에 많은 것을 접할 수 있도록 일을 많이 시키는 것이다.

갑자기 다섯 명의 식구가 늘어나서 바빴던 것은 사실이었다. 실습생들의 점심시중을 들던 중에 퍼뜩 어머니의 생신이 기억났다. 부랴부랴 전화를 드렸다. 수화기 저쪽에서 어머니의 음성이 들리는데 나는 목이 메어 말이 나오지 않았다. 간신히 목소리를 가다듬어 안부를 여쭈었더니

"생일이 따로 있나, 매일 매일을 잘 먹고 잘 지낸다. 시부모님께 잘 하는 것이 어미에게 잘하는 것이니라. 어미걱정은 조금도 마라." 한다.

어머니는 일 부잣집 맏며느리로 시집간 막내딸이 못 미더워 아이 둘을 낳을 때까지 시집살이를 도와주셨다. 농촌의 맑은 공기가 좋고 하는 일없이 시간 보내기가 지루하다며 자주 와서 들일 집안일 가리지 않고 도와주셨다.

우리 집에 와 있던 어느 날 밤의 일이다. 잠결에 이상한 기척을 느끼고 일어났다. 어두워서 아무 것도 보이지 않는데 뭔가 움직이는 기척이 있었다. 정신을 차려 보니 어머니는 어둠속에서 절을 하고 있었다. 절은 수십 번 더 계속되었다. 아마 내가 깨어나기 훨씬 전부터 절을 하고 있었는지도 모른다. 이상한 전율이 전신을 타고 내렸다. 나는 어머니께 왜 절을 했느냐고 물을 수가 없었다. 다만 잠이 잘 안 오냐고 물었더니 절을 많이 하면 건강에 좋다더라고 했다. 어머니는 매일 밤 지극정성으로 절을 하는 모양이었다.

어머니는 나의 수호신이다. 내 가슴의 악성종양을 처음 발

견한 사람도 어머니다. 아프지 않다고 차일피일 미루는 내 등을 떠밀어 병원에 가게 했고, 수술 후의 병상을 홀로 지켜준 것도 어머니다.

"얘야, 큰일이 닥치면 마음도 크게 먹어야 하니라. 집 걱정 다 잊고 너 하나만 생각하거라"

어머니는 나의 결혼 후 처음으로 나 혼자만 생각하라고 충고했다. 내가 머위 쌈을 좋아한다고 친정 집 마당에서 머위뿌리를 한 봉지 캐다 우리 마당에 심어줬고, 어느 해에는 해바라기 씨앗을 한 봉지 갖고 왔다. 손수 마당에 심어주신 해바라기는 해마다 달덩이만한 꽃을 피워 어머니 대신 나를 내려다보고 있다. 나는 해마다 꽃씨를 받으면서 어머니의 마음을 받는다. 세상에 부모만한 자식 없다더니 나는 언제 어머니만한 엄마가 될까하고 반성하는 것이다. 남편이며 자식이며 주위를 둘러보기보다 나 자신의 안위에 급급해하는 나를 부끄럽게 하는 꽃이다.

아들딸 시집 장가보내고 손자 손녀 잔손 갈 일도 다 끝낸 일흔 살에 어머니는 대학생이 되었다. 노인대학생이다. 곱다랗게 주름진 얼굴에 사각모를 쓴 학생증을 내보인다. 1주일에 한 번, 금요일 오후 두 시에 있다는 노인대학 과정이 어머니의 즐거움이다. 매년 졸업식을 하면서도 4년, 5년 동안 아니 학교 문을 닫을 때까지 다닐 거라고 한다. 이렇게 좋은 학교를 왜 1주일에 하루만 오라고 하는지, 매일 오면 안 되느냐고 선생님께 떼를 쓰기도 한단다. 무학인 어머니께서 대학생이 되더니 하루아침에 유식해졌다. 고부갈등이며 국제정세도 척척 알아맞춘다.

"우리 선생님은 젊은 양반이 모르는 게 없단다. 이것 봐라. 이건 죽은 뒤에 공원묘지에 묻히는 회원증이다. 치상비도 나온다더라."

마치 천국행 차표를 내보이듯 즐거운 표정이다. 그 나이가 되면 죽음도 신나는 일이 될까?

봄가을 미루며 한 번 다녀가겠다고 한 지가 몇 해나 지났다. 차를 타고 먼 길을 가는 것도, 옴짝달싹하는 것도 싫다는 어머니가 절에는 자주 간다. 어머니가 자주 가는 절에 나도 좀 데려다 달라고 청했더니

"네가 모시고 있는 가족들과 돼지까지도 네게는 살아 있는 부처란다. 산부처를 서운하게 해놓고 쇠붙이 앞에서 절한들 무슨 소용이 있겠노?" 한다.

어머니, 이제야 그 말씀 헤아릴 것도 같습니다만 실천하기엔 제 수양이 너무 부족합니다.

허수아비

삐뚤게 팔을 벌리고 헐렁한 소맷자락 펄럭이며 밭 가운데 떡 버티고 선 허수아비.

어찌 보면 달관한 도인의 모습 같기도 하고 또 어쩌면 우스꽝스런 광대의 표정을 닮은 듯한 허수아비가 문득 보고 싶다. 세태 따라 약아빠진 참새들조차 속아주지 않아선지 지금은 여간해서 허수아비를 보는 것도 쉽지 않다. 애써 가꾼 곡식을 한 톨이라도 빼앗기지 않으려는 농부들은 새로운 발명품으로 참새 떼와 맞선다. 허수아비 대신 거미줄치듯 반짝이 끈을 얽어매놓아서 들판이 어지럽게 흔들리고 있다. 왜 허수아비를 세우지 않느냐고 물었더니 요즘 참새들은 허수아비를 우습게 안다고 했다. 요즘 참새들은 허수아비의 머리며 어깨에 내려앉아 맛있는 곡식만을 선별해서 먹는다나. 참새들도 속아주지 않는 허수아비 때문에 무척이나 가슴 설레었던 20대의 기억 한 토막은 환절기에 찾아오는 고질병처럼 이상한 통증으로 되살아난다.

어머니와 단둘이 산골짜기의 작은 과수원에서 살던 시절이다. 20년생 복숭아가 몇 십 주, 감, 포도, 자두, 치자, 산수유 등의 나무가 구색 맞춰 늘어선 앙증맞은 과수원이었다. 하루에 두 번 와 닿는 버스종점 옆에 나의 일터가 있고, 거기에서 올려다보면 멀리 경사진 비탈에 그 과수원의 일부가 보였다. 철 따라 풍성하게 과일이 열렸고 봄이면 복사꽃으로 골짜기는 분홍일색이었다. 내가 일터로 나가면 어머니는 종일 김을 매거나 야채를 가꾸는 일로 분주했다. 언제나 땀방울이 맺혀있던 어머니 얼굴…(그저 땀이 많은 체질이거니 하고 예사롭게 지나쳤던 나의 무심함이 이제야 그 이유를 깨달으니 서글프다).

복숭아밭은 잡초 하나 없이 부드러운 흙 그대로였고, 감자며 상추를 심어 초록으로 출렁거리던 뜰에 서면 계절이 지나가는 발걸음소리가 선명하게 들렸다. 새싹이 돋고 낙엽이 지는 것 말고도 하늘의 색깔과 높낮이로 계절이 감지되었다. 살갗에 닿는 바람의 감촉으로도 그것은 가능했다. 두 사람이 비켜가기에도 비좁은 비탈길을 오르내릴 때면 나도 한 마리의 산짐승이 된 듯 산의 냄새에 도취되었다. 초가집 처마 끝에 매달린 램프에 실려 동화처럼 펼쳐지던 밤의 세계. 지상을 하직하는 어느 사자死者의 혼 불인 양 외롭게 솟구치던 반딧불이며 여명에 쫓겨 가던 새벽달의 섬뜩한 눈매, 폭풍우 잠든 밤의 불어난 개울물 소리는 더한층 밤을 경이롭게 했다.

"니는 찾아오는 사람도 없나?"

노동에 지친 어머니는 잠결에도 두세 번씩 이렇게 재촉하곤 했다. 새로운 모습으로 다가오는 하루하루는 어머니와 나의 기다림으로 채워졌다. 나는 어머니를 위해 말벗이 될 누군가를 기다렸고, 어머니는 버스시간을, 나의 퇴근시간을, 나를 위해 누군가를 기다렸다. 오기로 한 사람이 있는 것도 아닌데 버스가 도착할 즈음이면 종점 쪽을 내려다보는 것이 습관이었다. 종점에서 어른거리던 사람들이 버스에 실려 사라진 뒤에야 '버스가 떠났다'며 눈길을 거두는 것이었다. 그 말씀은 '오늘도 오는 사람이 없구나.'로 내 귀에 들렸다.

이런 어머니를 위해 마을의 이야깃거리를 전해드리는 것이 내가 할 수 있는 효도였다. 여느 때처럼 이야기보따리를 추스르며 집을 향해 비탈길을 오르고 있을 때 저만치 마당에서 내려다보는 사람이 있었다. 움직이는 것 같기도 하고, 나를 보고 손짓하는 것 같기도 한 저 사람은 누굴까? 해거름판에 한가롭게 서성거리는 사람이라면 쉽게 떠나지는 않을 것 같은데…. 며칠이라도 묵어갔으면 좋으련만. 밤새워 얘기라도 했으면. 어머니의 손님일까? 나의 손님일까? 누구의 손님이든 있는 것 다 찾아서 상을 차리고 잘 익은 포도주라도 넉넉히 권해볼까.

아참, 계란이 떨어진 건 어제 일이고 김치도 맛이 가버렸지. 이 골짜기에서 어떻게 해야 하나?

어제 장을 봤어야하는데…. 반찬걱정을 하며 달려가 보니 그것은 제법 모양새를 갖춘 허수아비였다.

"손님이 온줄 알았는데 예…"

이 말을 간신히 참으며 얼떨떨해있는 나를 향해 진짜 손님이라도 소개하듯이 어머니는 만족스럽게 말씀하셨다.

"저쪽 구석에서 풀매고 있으면 꿩이랑 산비둘기가 다 파먹어도 모른대이. 그래서 허수아비 하나 만들었재."

십자막대기를 짚으로 싸고 헌 옷가지를 입혀 모자까지 눌러씌운 허수아비는 가까운 거리에서도 속아 넘어갈 만큼 영락없는 사람의 형상이었다. 금방 소리 지르며 짓궂은 장난이라도 늘어놓을 듯한 생동감을 가지고 있었다.

이것은 누구의 모습이었을까? 알듯하면서도 떠오르지 않는 이 얼굴. 매일 집으로 향하는 언덕에 서면 누군가 손짓하는 사람이 있고, 한순간 반가움에 가슴 설레다가 아, 저건 허수아비지 하고 맥 빠지게 웃고 말던 날들. 내 마음에 기다리는 사람이 있었을까? 수많은 사람과 부대끼며 무수한 세월이 흘러간 지금, 모든 것이 쉬이 망각 속에 묻혀 가는데 유독 허름한 차림으로 손짓하는 허수아비…. 그것은 다가올 듯 멀어질 듯 실체를 알 수 없는 그리움의 화신인가?

첫 편지

열다섯 살 여름이었다.

나는 뒷마당을 나서서 논둑을 걷고 있었다. 발등에 이슬이 묻어나서 치맛자락이 후줄근해지던 기억이 나는 걸 보면 오후 무렵이었던가 보다. 파란하늘에 뭉게구름이 피어올라 갖가지 풍경을 연출하고 있었다. 시시각각 다른 모습으로 변하는 구름을 보느라 좁은 논둑길을 위태롭게 걸어갔다. 한눈팔다가는 논바닥으로 처박히는 것이다.

들판은 초록의 절정이었다. 8월의 태양 아래 벼이삭은 알을 밴 통통한 몸집을 드러내고 있었다. 그맘때 논길을 가면 벼가 익어가는 구수한 냄새가 났다. 아직 패기 전 벼의 속살은 달착지근하고 고소했다. 어렸을 때 벼의 속살을 뽑아먹다가 주인에게 들켜 쫓겨 달아나던 기억이 살아나 얼굴이 화끈거렸다.

벼논에 날아드는 참새보다 논둑에 몰려드는 아이들을 감시하는 일이 더 컸던 때다.

논을 서너 다랑 지나면 샛강이 나왔다. 별로 넓지 않은 강 양쪽으로 갈대가 무성하게 어우러져 있었다. 갈대숲에는 개개비(우리는 갈새라고 불렀다)가 알을 품고 있었다. 아이들은 갈새 둥우리를 통째로 가져와서 콩알만 한 알을 손으로 짓눌러 깨고 놀았다. 집과 알을 빼앗긴 갈 새의 울음이 강을 메우고 있었다. 아이들은 갈대피리를 만들어 불었다. 단조롭고 된소리 나는 갈대피리를 볼을 부풀리며 열심히 불었다. 갈대피리를 불면 뱀이 나온다고 어른들은 야단을 쳤다. 뱀이 소리를 알아듣는 재주가 있는지, 갈대피리 소리가 신비스럽다는 뜻인지, 괴상한 주문처럼 뱀하고만 통하는 비밀이 있는지 알 수 없었으나 어른들은 갈대피리 부는 것을 싫어했다. 지금 생각해보면 갈대숲의 습기 찬 곳에는 뱀이 많으니까 위험하다고 못 가게 하려는 뜻이었는데, 못 하게 하는 것은 기를 쓰고 해내던 나이였다.

갈대 잎으로 배를 만들어 강물에 띄워 보내는 것도 재미있었다. 얕은 물살을 따라 출렁거리며 떠나가던 갈잎 배…. 귀뚜라미 한 마리 타기에나 알맞을 손가락만한 갈잎 배에 실어 보내고 싶었던 꿈이란 뭐였을까? 들판 여기저기에는 백로 여러 마리가 비상에 지친 날개를 쉬고 있었다. 파란하늘과 뭉게구름, 초록들판에 백로 떼가 있는 오후, 나는 강 쪽으로 걷고 있었다. 갈대피리, 갈잎 배, 바람개비를 만들려고 갈대를 꺾으러 가는 길이었다.

무심코 걷는 발아래 툭, 소리를 내며 떨어지는 것이 있었다. 하얀 돌이었다. 사람의 그림자라고는 보이지 않는 들판에 누가 돌을 던졌을까? 하얀 종이가 주먹만한 돌에 씌워져 흰 실로 칭칭 동여져있었다. 대학노트 한 장에 단정한 글씨로 '이렇게 될 줄을 알면서도'라는 제목의 글이 씌어져있었다. 이것이 내가 남자에게서 받은 첫 편지였다. 날아온 방향을 봐서 그가 누구라는 게 짐작됐지만 내용이 너무 어른스러워 얼떨떨했다. 그는 남자라고 부르기에도 어울리지 않는 이웃집 남학생이었다.

까까머리 이웃집 남학생이 어느 날 갑자기 세련된 청년으로 변해 내 앞에 버티고 선 느낌이었다. 그것은 아름다움이나 황홀함이 아니라 두려워서 피해 달아나고픈 모습이었다. 그 글은 내게 성숙한 아가씨가 되라고 유혹하는 것 같았다. 이젠 유치함에서 벗어나 불같은 사랑에 가슴 태울 줄 아는 여인이 되어야한다고 속삭이고 있었다. 녀석은 언제부터 이런 글을 쓰기 시작했을까? 눈을 뭉쳐 내 얼굴에다 던져놓고 깔깔거리며 달아나던 개구쟁이 녀석과 그 글은 아무래도 연결이 되지 않았다. 나는 고민에 빠졌다.

나이를 먹는다는 것은 이렇게 불편한 것일까? 나는 늘 치맛자락 나풀거리며 갈잎 배를 띄우는 소녀로 남고 싶었는지도 모른다. 가슴 속에는 무게를 잴 수 없는 걱정 하나가 자리 잡기 시작했다. 돌멩이에 싸여 구겨진 편지를 곱게 접어서 책갈피 속에 넣었다. 두려웠지만 선뜻 버릴 수가 없었다. 식구들이 다 잠든 밤에 몰래 꺼내 읽었다. 구석진 운동장에서 친구들 몰래 읽었다.

학교에서는 시도 때도 없이 소지품 검사가 있었다. 학생들은 모두 밖으로 나가게 한 뒤 선생님이 책가방을 샅샅이 뒤졌다. 소지품 검사의 제일 큰 목적은 남학생한테서 받은 못된(?) 편지를 찾아내는데 있었다. 책갈피에 끼워둔 그 편지가 발각되지는 않았지만 나는 중죄인처럼 벌벌 떨어야했다. 나는 그 편지 한 장을 둘 곳이 없어 어느 날 불에 태우고 말았다. 스스럼없던 그 까까머리와는 서먹서먹해졌고 어쩌다 길에서 마주쳐도 모른 채 스쳐갔다. 그는 보란 듯이 다른 여학생과 친하게 어울렸다.

그로부터 30년이 더 지난 후에 나는 시집 속에서 〈이렇게 될 줄을 알면서도〉라는 시를 읽게 되었다. 그 편지가 까까머리가 쓴 글이 아니라 〈조병화 시인〉의 시라는 것을 그제야 알았다. 가끔씩 갈대숲을 만나면 갈대피리를 만들어 불어본다. 어릴 적 내가 띄워 보낸 갈잎 배는 지금 어디에 다다랐을까 궁금증도 생긴다. 무심코(?) 던져준 종이 한 장에 무던히도 가슴 떨었던 10대의 기억이 되살아나서 나도 모르게 웃는다. 이젠 좀처럼 가슴 떨 일도 없는 무심심한 일상 중에 두고두고 반추하며 이렇게 살 줄을 알았음일까?

은행나무

마루에 서서 내다보면 사선으로 비켜선 위치에 키 큰 은행나무 두 그루가 있다. 곧게 뻗은 가지와 단정하게 매달린 이파리에서 고고한 기품이 엿보이는 나무다. 매일 아침 창을 열고 이 나무와 인사를 나누는 것으로 나의 일과는 시작된다. 포근한 미소가 베어나는 눈인사를 주고받으며 맞고 보내는 나날이 은행열매처럼 단단하고 따뜻한 마음이기를 다짐한다.

나무의 나이는 나이테로 안다지만 나는 은행나무의 나이를 알지 못한다. 다만 내가 이 집으로 왔던 때의 정황으로 미루어 30년은 실히 넘지 않았을까 짐작할 뿐이다. 오래 전 이 집의 안주인이 되어 들어왔을 때 넓은 마당에는 내 키만 한 정원수들이 꽉 들어차 있었다. 향나무, 동백, 오엽송, 전나무, 편백 … 이 외에도 이름을 알 수 없는 묘목들이 저마다의 모습을 자랑스럽게 지키고 있었다.

마당에 즐비한 여러 종류의 나무 중에서도 내 눈길이 자주 가는 것은 은행나무다. 평범한 한 알의 씨앗에서 출발하여 온갖 풍상을 몸으로 받으면서도 묵묵히 자신을 키워가는 의연함이 우러러 보인다. 사시사철 푸름으로 일관하는 상록수 틈에서 빠른 성장력과 수려한 자태 그리고 철따라 옷을 바꿔 입는 매무새가 돋보인다. 이른 봄에 돋아나는 연노랑의 잎새는 희망과 같고, 한여름 녹음의 계절에 베푸는 그늘의 시원함도 좋으나, 은행하면 고급스런 열매와 더불어 따스함이 전해오는 노랗게 물든 단풍이 일품이다.

색채가 인간의 심성에 미치는 영향은 지대하다고 한다. 유럽의 어느 나라에서는 잘 가꾸어진 초지만 가지고도 훌륭하게 관광객을 유치한다는데, 기계적인 일상에 길들여진 현대인들에게 초록색 풀밭은 눈의 피로를 덜어주고 정신적 안정감을 주기 때문이라고 한다. 뿐만 아니라 싱싱하게 뿌리내린 풀포기에서 끈질긴 생명력과 자연의 위대함을 터득하게 된다고 한다.

하루에도 몇 번씩 마루에 서서 나무들을 바라보는 버릇으로 날마다 다른 얼굴로 다가오는 은행나무의 섬세한 표정을 읽게 되었다. 그저 그렇게 서 있으려니 하고 무심히 지나치던 나무에서 그의 마음을 읽는 것은 큰 즐거움이다. 다른 나무도 마찬가지지만 특히 이 은행나무를 볼 때마다 나는 잔잔한 열등감에 젖는다. 내가 이루지 못한 장점을 다 갖춘 친구를 대하는 느낌이다. 사람의 키가 나무처럼 마냥 자랄 수는 없다 해도 몇 해 전엔 내 키만큼 나직했던 이것들이 내 키의 서너 배씩 쭉쭉 뻗어나간 웅장한 외모로 나를 압도한다. 푸석거리는 흙 속에 깊이 뿌리내리고, 뿌리보다 몇 십 배 넘는 가지들을 보살피며 진주알 같은 열매와 아름다운 잎새를 우리들에게 베풀어주는 넉넉함이 존경스럽다.

첫서리가 내리고 나면 초록은 빠른 속도로 빛을 잃어간다. 잎의 끝자락에서부터 노랑과 초록의 자리바꿈이 시작된다. 지난여름 녹음이 한창이던 때에 어디서 소문을 들었는지 어떤 상인이 은행잎을 사겠다고 왔다. 질 좋은 항암제의 원료로 독일의 제약회사에 수출한다고 했다. 우악스런 손길이 몇 번 덮치자 정수리의 서너 가지는 벌거숭이로 드러났다. 은행나무는 비명을 지르며 몸을 뒤틀었다. 우리는 은행잎을 팔지 않겠다고 장사꾼을 돌려보냈다.

하마터면 올가을엔 예쁜 은행잎을 못 볼 뻔했다. 약삭빠른 상혼에 머리카락 한줌을 뽑히고도 올해는 유난히 곱게 단풍이 들었다. 어느 화가가 이렇게 아름다운 노란색을 만들 수 있겠는가. 황혼녘에 보는 은행나무는 환희의 실체 같다. 곧 가지를 떠나갈 잎새를 위해 마지막 성찬을 준비하는 모습들이다. 나는 나의 마지막을 위해서 무엇을 준비할 것인가? 마지막 모습이 은행나무처럼 아름다운 사람이 되고 싶다.

네 둥지를 찾았느냐?

돈 돈 돈

전라도 김치

선생님을 찾았어요

이사

식탁보

봄날의 하루

고구마를 몇 번이나 더 캘 수 있을까?

네 둥지를 찾았느냐?
— 딸에게

대학생이 된 딸에게 처음으로 쓰는 편지라서 많이 긴장되고 한편으로는 가슴이 설레기도 한단다. 명문대학생의 어미로서 뭔지 고상한 문구를 써야한다는 부담 같은 것이 생기기도 하고 말이야. 네가 고등학생이었을 때는 자주 기숙사를 찾아가기도 하고 못 가면 우편으로나 인편에 꼭 편지를 보내기도 했는데 ….

대학기숙사는 어떻게 생겼는지 궁금하구나. 넌 어릴 때부터 유난히 '기숙사생활'을 선망했던 것 같다. 소설 ≪빨강머리 앤≫을 몇 번씩이나 읽고는 드디어 기숙사가 있는 고등학교를 찾아 훌쩍 날아가 버렸잖아. 혹시 인생의 목표가 기숙사생활에 있는 거나 아닌지 의심이 들 정도였단다. 기억나? '집을 떠나서는 안 되는 3가지 이유'를 말해달라던 여중 3학년 때의 네 모습. 비할 데 없이 간절하면서도 숙연하기까지 했던 네 눈빛을 잊을 수 없구나. 아빠는 네가 고등학교까지는 집에서 다니기를 바라며 온갖 회유를 했지만 대체 이 세상에 절대 해서는 안 될 일이란 뭐가 있을까? 도둑질이나 남을 해롭게 하는 일을 빼놓고는 말이다. 엄마 역시 그 나이에 무척이나 집을 떠나고 싶어 몸살 앓았던 경험이 있단다.

용기도 실력도 없었던 엄마에 비하면 넌 일찌감치 화려하고 당당하게 독립을 쟁취한 셈이다. 내심 이게 모전여전母專女專이로구나 하고 대리만족을 느끼기도 했단다. 청춘의 가장 빛나는 한때를 맘껏 구가하는 딸에게 응원과 박수를 보낼 뿐 그저 바라보는 것만으로도 젊음의 열정이 전이되어 엄마는 행복하기만 했다네.

어미새는 새끼새를 떠나보낼 시기를 본능적으로 안다고 하더구나. 어미가 떠나보내기 전에 넌 스스로 자신의 둥지를 찾아가버렸다. 학교는 서울에 있어야하고, 올바른 대학문화를 만끽할 수 있는 곳, 남녀공학이어야 한다던 네 취향에 맞춤한 곳으로 말이야. 어디 새의 가벼움에 비하겠느냐, 동물 가운데 왕이라는 호랑이 굴이 아니더냐. 지혜로움과 용맹스러움을 본받아 후회 없는 일전을 펼치도록. 상대는 물론 '너의 삶'이다. 삶은 결코 만만한 것이 아니란다.

양돈업을 천직으로 살아가는 부모가 있다는 것 잊지 말기를. 네 등록금도 용돈도 모두 돼지한테서 나오는데 요즘 사상 최악의 돼지파동으로 양돈농가가 존폐의 갈림길에 놓여있단다. 애지중지 자식처럼 키운 돼지를 고속도로에 내다버리는가 하면, 돼지고기 한 근이 껌 한 통 값이라니 상상이 가니? 지금 우리가 부딪치고 있는 삶은 관념세계의 철학도 아니고 고상한 담론이나 탁상공론은 더더욱 아니란다.

그렇다고 늘 절망에 절어 사는 건 아니야. 봄에 사온 병아리가 어미닭이 되어 하루에 꼭꼭 다섯 개의 알을 낳아주니까 엄마는 알부자다. 너른 마당에서 벌레와 풀을 먹고 자란 계란이라 선물용으로 인기란다. 글쎄, 계란을 다섯 개만 주어도 사람들은 좋아 어쩔 줄 모른단다. 이 녀석들이 방 앞에 까지 몰려와서 목청껏 소리 지르는 바람에 엄마는 언제나 아침 일찍 일어나야 한단다.

오후에는 황토오두막에 군불을 지펴놓고 굴뚝에서 연기가 오르는 광경을 한참동안 구경하기도 하지. 이때쯤이면 주홍빛 노을이 하늘을 물들인다. 저녁노을을 배경으로 피어오르는 굴뚝연기는 언제 보아도 가슴 뭉클하구나. 연기는 그냥 의미 없이 사라지는 연기가 아니란다. 연기는 엄마의 체온이며 그리움의 표현이기도 하지. 늦은 오후 네가 집으로 돌아올 때, 우리 집의 굴뚝연기를 발견한다면 분명히 그곳엔 엄마가 있다는 증거잖아. 아궁이엔 잘 익은 감자와 고구마가 널 기다리고 있을 테고.

밤엔 따끈따끈한 방바닥에 엎드려 ≪털 없는 원숭이≫를 읽거나 여행계획을 세우기도 한단다. '털 없는 원숭이'는 너희 학교 '신입생 필독서' 목록에 나와 있더구나. 인간을 만물의 영장이 아닌 동물 즉 원숭이(제목이 말해주듯)의 일종으로 본 시각이 흥미롭다. 인간을 동물의 입장에서 다른 동물과 비교하면 개미나 하이에나보다 하등 나을 게 없다는 거야. 후각이나 청각, 달리기는 개보다 훨씬 못하고 잡초나 다른 식물보다 적응력이 뒤지는 것도 사실이지. 고귀한 이상과 실천력을 빼면 탐욕과 소비향락에 몰두하는 해충과 다를 게 뭐냐고.

'꿈꾸는 자가 창조한다.' 했으니 운이 좋으면 너와 내가 함께 여행을 떠날 수 있을지도 몰라. 넌 가고 싶은 여행지를 물색하고, 그곳의 언어를 습득하고, 엄마는 적금을 착실하게 부어 여비를 비축하는 거야. 머지않아 그 꿈이 이루어지리란 걸 엄마는 확신해. 엄마는 꼭 하고 싶은 일이 있으면 간절하게 꿈을 꾼단다. 그러면 언제나 기적처럼 이루어지더라.

한양천리, 거리가 멀다는 핑계로 대학교 문 앞엔 얼씬도 못해보고 그저 잘 있으려니 짐작만 하네. 부디 졸업하기 전까지 명문사학이라는 너의 학교 구경 좀 시켜다오. 그것이 어미의 소원이란 것을 넌 모르고 있는 것 같다. 공부는 쉬엄쉬엄 놀아가면서 하고, 가슴 얼얼한 사랑도 꼭 경험하시도록!

엄마.

돈 돈 돈

이 글의 제목만 읽은 어느 성급한 독자가 말하기를, '그 되게 돈 좋아하는 여자군' 했다 한다. 그렇게 말한 사람은 소위 '교사'라는 신분이었는데 그의 말속에는 은연중에 '어이쿠 이런 속물!'이라는 비아냥거림이 생략되어 있음을 나는 쉽게 간파할 수 있었다. 나는 약간 약이 올랐지만 그렇다고 그이를 찾아가서 항의할 엄두까지는 내지 못했다. 번거롭기도 하려니와 상상은 개인의 자유에 속하니까. 지금에야 생각났는데 '돈 돈 돈'을 읽고 대뜸 돈(Money)을 연상했다면 그 사람이야말로 진짜 돈 밝히는 속물이 아니고 무언가.

그러고 보면 돈이란 참 별난 물건이다. 드러내놓고 좋아하면 속물취급 당하고, 뒷전으로는 돈 벌기 위해 일생을 탕진하니까 말이다. 어쨌거나 요즘 세상에 돈 싫어하는 인간이 있을까? 그러나 이 글은 금은보화와 같은 돈 이야기가 아니라서 좀 미안하다. 돈과 한자음이 같은 '돼지' 이야기다.

다 알려진 사실이지만 돼지의 장점 몇 가지를 소개하자면 다음과 같다. 돼지는 '꿀꿀'하는 소리를 제외하고는 대가리에서 꼬리 끝까지 모든 것이 인간을 위해 쓰인다. 고기와 내장은 음식이 되고, 가죽은 의류나 장식품에 쓰이며 피, 창자, 심장 같은 부산물에서는 의약품과 화학, 공업원료 40여 가지가 생산된다. 돼지췌장에서 나오는 인슐린은 당뇨환자에게, 피부는 화상환자의 피부이식에, 심장판막은 심장병환자에게 이식되고 비계는 향수의 원료가 된다. 최근에는 유전공학적 방법으로 인간의 유전자를 돼지에게 주입해 인간의 피는 물론 인간의 신체가 거부하지 않는 심장과 콩팥을 생산하고 있다. 돼지가 인체의료용 생산품을 주산물로, 고기를 부산물로 생산하는 작은 공장이 될 날이 곧 올 것이다….

올해는 돼지해라고 신년벽두부터 신문과 TV에 출연하는 행운을 누렸다. '돼지해에 돼지엄마가 쓰는 돼지론'이라는 우스꽝스럽고 거창한 제목이 신문에 대문짝만하게 찍혀 나왔다. 같은 내용으로 텔레비전에서도 한 시간이나 방영됐다. '예술기행'이라는 프로그램이었다. 세상 사람들이 못생겼다, 욕심 많다며 하대하는 돼지가 예술의 꼬리표를 달고 매스컴을 타니 나로서는 신명나는 일이었다. 하지만 돼지를 키우며 돼지이야기를 쓰는 것은 그저 나의 일상일 뿐이다.

돼지와 인연을 맺은 지도 어언 30여 년이 넘는다. 돼지와 처음 대면한 순간, 바위만한 덩치에 놀라 혼비백산했던 기억이 지금도 생생하다. 예전 초창기 때 일이지만 분만습관이 괴팍한 놈에게 막걸리 한 되를 먹여서 쓰러뜨린 적이 있다. 진통이 올 때마다 네 방구석을 헤매며 고래고래 악을 쓰는 놈이었다. 새끼가 다칠 위험이 다분했다. 이런 녀석에겐 술이 묘약이다. 술기운이 몸에 퍼지자 그 거대한 덩치도 썩은 나무토막처럼 꺾였다. 술이 들어가니까 젖이 줄줄 잘 나오기도 하고, 한 번 취했다 깨어난 놈은 다시는 제 새끼를 해치지 않았다. 분만의 고통이 너무 심해서 새끼가 잠시 웬수로 보였거나 또는 알코올이 마취제 역할을 했든지, 취중에 자기반성을 했을 수도 있다. 목마른 녀석에겐 물을, 심심해하는 녀석에겐 장난도 걸어본다. 돼지를 돌볼 때 나는 내 경험을 기준으로 삼는다. 내가 아팠을 때, 내가 힘들었을 때, 내가 기뻤을 때를 기억하며 돼지의 기분을 헤아리는 것이다.

나는 스트레스가 쌓이면 돈사엘 간다. 거기서 놈들의 재롱을 보고, 더러운 것을 치우다 보면 어느새 스트레스는 말끔히 사라진다. 돼지를 들여다보다가 문득 엉뚱한 소원을 품기도 한다. 이만큼 마음 맞는 애인이나 친구가 있으면 얼마나 좋을까 하고. 한집 식구는 닮는다는 말처럼 돼지를 오래 키우다보니 내가 돼지를 닮아 가나보다.

그렇다. 나의 최고의 목표는 돼지가 되는 것이다! 돼지와 함께 서른 해를 넘긴 지금에야 나는 비로소 놈들의 단순성에 눈뜨기 시작했다. 배고프면 먹고, 잠이 오면 자고, 뜻이 맞지 않으면 피 터지게 싸우는 그 단순성이 좋다. '단순성은 깊은 사상의 외부적 증거이고 상징이다'라는 임어당의 발언에 깊이 공감하면서. 돼지이야기에 무슨 철학자의 이름이 등장하다니 사람들은 웃을지 모르겠다. 불가佛家에서도 돼지를 제도하려던 문수보살이 돼지에게 제도 당했다는 일화가 있지 않은가. 문수보살은 지혜를 상징하는 성인이다.

그러니까 '돈'은 돼지豚와 돈(Money)과 지혜를 아우르는 가장 이상적인 말이다. 돼지를 키워서 의식주를 해결함은 물론 돼지를 밑천 삼아 네 권의 수필집을 냈고, 매스컴을 타는 행운에다, 성인의 경지를 훔쳐 볼 수 있으니 나야말로 '마당 쓸고 돈 줍고, 도랑 치고 가재잡고, 꿩 먹고 알 먹는' 행운아다. 살아가면서 이런 행운을 만나기도 쉽지 않은 일이다. 순전히 돼지를 키운 덕분이다.

전라도 김치

결혼날짜를 받고 보니 꼭 한 달간의 여유가 있었다.

결혼날짜가 정해졌을 때 나는 제일 먼저 요리학원으로 달려갔다. 예단이며 혼수품이며 태산 같은 준비거리를 두고 불에 댄 듯 요리학원으로 달려가는 내게 어머니는 화두인양 속담 하나를 일러주셨다.

"얘야, 옛말에 혼사 치른 뒤 삼년을 묵히고 가는 새 색시도 속옷 빨아 입을 시간이 없어서 입은 옷에 갔다더라."

옛날에는 결혼을 하고서도 1년이나 또는 3년씩 친정에서 묵었다 갔나보다. 어렴풋한 기억 속에는 실지로 그런 주인공의 이야기가 남아있다. 아마 뼈대 있는 집안일수록 '묵혀가는' 풍습을 지켰던 것 같다. 무릇 시집가는 데는 긴 준비기간이 필요하다는 말씀이리라. 어머니 세대의 결혼준비는 요즘처럼 인스

턴트 식 물질이 아니었을 게다. 시집식구를 모시는 일, 아이를 낳아 기르는 일, 남편을 내조하는 일, 음식솜씨, 바느질 솜씨 등등 한마디로 부덕婦德을 말함이리라. 부덕은 고사하고 학교다 직장이다 돌아다니느라 정작 결혼생활의 기본인 요리조차 익힐 기회가 없었으므로 내게 다급한 것은 요리였다. 좀더 솔직하게 고백한다면 전라도 순천 땅으로 시집오는 이유 때문이었을 거다. 부산 주변의 어디로 시집갔더라면 나는 굳이 요리학원까지는 가지 않았을지도 모른다.

결혼 전에 나는 순천에 와본 적이 있다. 그때 대중식당에도 가보고 가정집에도 초대를 받아 전라도음식을 시식할 기회가 있었다. 전라도음식을 처음 먹어본 인상은 한 마디로 기가 질릴 지경이었다. 첫째 상다리가 부러질 만큼 가짓수가 많은 것에 놀랐다. 대단찮은 손님 하나 치르는데 상이 너무 크다는 느낌이었다. 다음으로 음식 맛이다. 가짓수가 많은 음식이 제각각 독특한 맛을 내고 있다. 적당히 맵고 짭짤하고 정갈한 밥상은 백 마디 천 마디의 말보다 더 많은 것을 말하고 있었다. 이런 첫 인상이 나를 다급하게 요리학원으로 등을 떠밀었다. 학원에서 배운 대로 집에 와서 실습하느라 재료를 한보따리씩 싸들고 다녔지만 무엇 하나 제대로 만들어 내지 못하고 시집을 왔다.

그래도 보고 들은 것은 있어서 모양내고 색깔 맞추느라 꾸물거리고 있으면 보다 못한 남편이 다가와 귓속말로 주의를 주곤 했다.

"모양 좋게 하는 것보다 빨리 하는 게 중요해."

일터에서 돌아와 밥상 들기만 기다리는 배고픈 가족들은 뒷전이었다. 지방마다 음식 맛이 다르듯 만드는 방법에도 차이가 난다. 그중에서도 가장 두드러진 예가 경상도와 전라도라 할 수 있다. 여러 가지 음식 중에서도 두 지방의 김치 담그는 법은 확연히 다르다. 친정인 부산과 시댁인 순천의 서로 다른 '김치 담는 법' 때문에 내가 치른 실수도 많다.

시집 와서 1년간은 부엌일 도와주는 할머니가 계셨다. 할머니는 들일도 집안일도 선수였다. 나는 전라도 음식 맛의 비법을 알아내고자 부엌강아지처럼 할머니를 졸졸 따라다녔다. 된장 고추장 몇 그램, 참기름 몇 티스푼…, 귀 따갑게 들어온 요리학원의 계량법은 무용지물이었고, 학원에서 익힌 요리재료가 여기서는 도무지 해당사항이 없었다. 밭에서 나는 것은 뭐든지 재료가 되었고 분량은 손가늠이었다.

할머니의 김치솜씨는 일품이었다. 통고추와 마늘을 절구에 곱게 갈아서 밀가루 풀을 쑤어 담았다. 통고추와 마늘을 절구에 가는 과정은 정말 힘들었다. 나는 할머니의 일손을 덜어드리고 내가 그 일을 익힐 겸 절구질을 해봤는데 마늘 톨이며 고추가 곱게 갈아지지 않았다. 눈을 뜰 수 없을 정도로 땀이 쏟아지고 허리는 끊어질 듯 아팠다. 내가 27년을 살아온 부산에서는 기계에서 빻은 가루고추로 김치를 담기 때문에 김치 담는 일이 그다지 힘들지 않았다. 그런데 순천으로 시집와서는 김치 통 비어가는 것이 제일 큰 시름이었다. 통고추와 마늘을 찧느라 절구질이 너무 번거롭고 힘든 나머지 친정에서 하던 대로 가루고추로 담아버릴까 하는 유혹을 자주 느꼈다. 이런 낌새는 단박에 음식 속에 베어들어 가족들의 눈총을 샀다.

"이건 도대체 어디 식이냐. 경상도식이라는 거냐?"

식구들의 입맛은 빈틈이 없었다. 마을회관에 고추 가는 기계가 있는데도 할머니는 특별한 경우를 제외하고는 절구를 이용했다. 특별한 경우란 들일이 바쁘거나 몸이 아파서 부득이 한 때를 말한다. 그런 때면 양푼에 마른 통고추, 마늘, 생강, 멸치젓국, 먹다 남은 밥 한주먹을 담아 마을회관으로 갔다. 나 같은 이방인에게는 이 양념준비 과정이 신기했다. 특히 이색적인 것은 먹다 남은 밥 한주먹을 떼어 넣는 광경이었다.

그것의 역할은 김치를 부드럽게 하고 얼른 맛이 들게 하는 데 있었다. 그러나 기계에 갈 때만 밥을 넣는다. 절구질로는 밥알이 갈아지지 않는 탓이다. 밥이 없을 때는 밀가루 풀을 쑤어 넣는다. 이 밀가루 풀도 사철 넣는 게 아니다. 날씨가 더울 때는 넣지 않는다. 그리고 사철 물고추를 쓰는 것도 아니다. 겨울김장은 가루고추를 쓴다. 이렇게 밀가루 풀을 넣을 때와 밥을 넣을 때, 물고추, 가루고추를 가려 쓰는 것이 신참인 나에게는 여간 헷갈리는 게 아니었다.

갖가지 양념이 든 양푼을 들고 마을회관에 가면 대여섯 살 난 계집아이들이 내용물이 같은 양푼을 하나씩 들고 줄줄이

차례를 기다리고 서있다. 엄마 심부름을 온 아이들이다. 어릴 때부터 어깨너머로 보고 익힌 아이들이 어른이 되었을 때 선수가 되는 것은 당연지사다.

시집 온지 1년 후에 할머니는 떠나고 부엌 일은 내 몫이 되었다. 곧 시아버님의 회갑이 닥쳤다. 서투른 솜씨로 손님 칠 일이 걱정이었다. 시고모님들은 일류요리사 빰치게 음식솜씨가 뛰어난 분들이다. 새 며느리의 요모조모를 시험해볼 좋은 기회가 왔다고 야단들이었다. 나는 조금이라도 맛있는 김치를 만들기 위해 힘든 절구질을 택했다. 아무리 갈아도 고추 낱은 손톱 크기 이하로는 갈아지지 않았다. 땀은 방울방울 지고, 허리는 끊어질 듯 아프고, 밤은 어두워오는데…. 부엌 높이 그을음으로 희미한 전등불 아래에서 김치를 담는다. 그런데 아뿔사, 이게 도대체 어떻게 된 걸까. 먹다 남은 밥 한주먹 떼어 넣은 것이 화근이었다. 밀가루 풀을 넣어야할 데에 밥을 넣는 실수를 한 것이다. 밥알이 젓국에 퉁퉁 불어서 배추 사이를 굴러다니는 꼴이란 꼭 변소 간에서 방금 기어 나온 구더기 형상이었다. 담근 김치는 큰 함지로 하나였다. 밥알을 대충 골라내고 났을 땐 먼동이 트고 있었다.

음식솜씨란 손맛이고 연륜이라는 말이 맞는 것 같다. 객지살이하는 형제들이 모이면 우리 집의 김치는 불티난다. 먹고 가는 것으로 모자라서 한 젓가락이라도 싸달라고 한다. 늘 솜씨타박을 면치 못하던 내가 이쯤된 것은 어언 20여년의 세월 탓일 거다.

선생님을 찾았어요

아마도 20년 전쯤일 것이다. 어느 잡지사로부터 '가정의 달'에 관한 원고청탁을 받았다. 나는 그때 가족 이야기가 아닌 '스승의 날'에 대해서 썼다. 그즈음 스승의 날이 가까워오면 나와 비슷한 연배의 주부들이 옛날 스승을 찾아뵙는 장면이 텔레비전에 종종 나왔는데, 나는 그들이 무척 부러웠다. 나도 저들처럼 텔레비전에 나온다면 선생님을 찾을 수 있을 텐데…. 천지개벽이 일어난다면 모를까, 이 첩첩산골에서 '돼지 키우는' 아낙이 저런 비까번쩍한 텔레비전에 나오는 일은 없을 것이다. 그래서 이번 청탁의 글을 선생님을 찾는 기회로 활용해보려고 나는 제목조차도 '선생님을 찾습니다'로 붙였다. 꽤 알려진 기업체의 사보였으니 많은 직원들과 가족들이 읽는다면 그 가운데 누구 한사람쯤 선생님의 소식을 알려올 지도 모르지. 치밀

한 계산 아래 젖 먹던 힘까지 동원하여 단어 하나하나에 정성을 기울였다. 여고시절 국어선생님을 기억나는 대로 그려나갔다. 선생님의 별명이며 수업시간의 특징적인 몸동작, 그 시절 여고에서는 파격적인 〈양주동〉 선생님(자칭 국보라고 소리치던)의 초청강연을 주선했던 일 등 기억나는 내용들을 다 적었다.

내가 선생님을 찾으려한 것은 그때가 처음은 아니었다. 여고친구로부터 선생님께서 부산대학에 재직하신다는 이야기를 듣고 그 학교로 장문의 편지를 보내기도 했다. 선생님께서 나를 기억 못 하실 지도 모른다는 생각에 그때는 나의 특징을 있는 대로 적어 넣었다. 선생님이 추천해주신 예술제에 나가서 꼴찌상도 못 받아 선생님을 실망시켜 드린 일, 엄동설한에 시린 손을 비비며 교지 만들던 일… 나를 부각시킬 수 있는 나만의 개성을 찾아 며칠씩 밤잠을 설치며 고쳐 썼다.

과연 선생님께서 대학에 계시기나 할까? 도대체 선생님을 찾아서는 어쩌겠다는 거지? 이런 생각이 들 때면 막막한 절망감에 빠지기도 했다. 그럴 때마다 "얘, 넌 괜찮은 시인이 될 거야." 라시던 선생님의 한마디가 절망에 빠진 나를 일으켜 세워 다시 편지를 쓰게 했다. '넌 괜찮은 시인이 될 거야' 이 말은 여고에 입학하여 첫 교내 백일장에서 내가 쓴 시가 장원으로 뽑혔을 때 선생님께서 해주신 말씀이다.

그즈음 나는 시인은커녕 유방암 수술을 받고 일상에서 격리된 채 항암치료를 받고 있던 중이었다. 일에 대한 요령도 웬만큼 터득했고, 가정경제도 약간 안정을 찾았으니 이제 좀 쉬어도 되겠지 하던 참이었다. 결혼 10년에 남은 것이라곤 병든 육신과 삶에 지친 영혼이 전부였다. '넌 시인이 될 거야….' 나는 선생님을 찾아서 그 말씀의 진위眞僞를 꼭 확인해보고 싶었다. 그 말씀은 절망과 안일에 빠진 나를 일으켜 세우는 회초리가 되었고, 때로는 비수가 되어 내 가슴을 저몄다. 낯선 사람들 속에서 물결처럼 떠밀리며 허우적허우적 길을 가다가도, 네거리에서 신호등이 바뀌기를 기다리는 순간에도, 꿈속에서도 얘, 넌 시인이 될 거야, 넌 시인이 될 거야…. 라는 선생님의 음성이 귓속을 파고들었다.

어떻게 하면 시인이 될 수 있을까? 선생님께서는 그 길을 알고 계실지도 몰라. 지금 시작해도 늦지 않을까? 시인이 되기 위해 어떤 노력도 하지 않은 나 자신이 원망스럽고 후회되었다. 이리하여 선생님을 찾는 일은 나에게는 밥을 먹는 일보다, 병을 치료하는 일보다 더 간절하고 절박한 과제가 되었다. 굳이 시인까지는 바라지 않더라도 선생님을 만나면 꼭 하고 싶은 일이 몇 가지 있었다. 맛있는 음식도 사드리고, 전화도 자주 드리고, 경치 좋은 곳에 구경도 가고…. 이젠 그럴만한 여유도 생겼는데 선생님은 대체 어디 계신 걸까?

선생님이 계시다는 부산대학으로 편지를 보낸 지 1주일 만에 답장이 왔다. "… 이름이 비슷해서 내가 편지를 뜯었소만, 사연이 너무 간절하여 답장을 하지 않을 수 없었소. 그러나 아무리 생각해도 부인 같은 제자는 기억나지 않아요. 부인께서 찾는 그 분을 꼭 찾기 바랍니다…."

내 추측이 맞았다. 선생님과 이름이 비슷한 소설가 〈김 정한〉 교수님이셨다. 선생님을 찾지는 못했지만 잘못 배달된 편지에 정성어린 답장을 보내주신 인품에 크게 감동 받았던 기억이 난다.

세월은 차일피일 흐르고 나는 선생님을 찾는 일에 지쳐 선생님의 존재를 서서히 잊어가고 있었다. 대신 혼자서 '한 달에 책 한권 읽기'를 정해놓고 ≪샘터≫며 여성월간지 등을 사다 읽었다. 바쁜 농촌에서 아궁이에 불 지피는 틈틈이 읽자니 어려운 소설이나 두꺼운 책은 엄두도 낼 수 없었다. 책을 읽다가 문득 '이런 글이라면 나도 쓸 수 있겠는데?' 하는 생각이 들었고 내 글 솜씨를 평가 받기 위해 여기저기 응모를 해보았다.

이렇게 시작한 글쓰기는 어언 4권의 수필집을 내기에 이르렀고 훗날 선생님을 찾는 결정적인 단서가 되어주었다. 선생님의 존재를 까맣게 잊고 지내던 어느 날 나는 한통의 전화를 받았다. 전화기 속에서는 "나다. 나다. 내다." 라는 흥분된 목소리가 끝없이 흘러나왔다. 사십대 중반을 넘어선 여인에게 전화를 걸어 대뜸 '내다'를 외칠 수 있는 사람이 세상에 그리 흔할까? 잘못 걸렸거나 아니면 아주 친근한 사이일 수도 있겠지만 전화기 속의 내가 누구인지 나는 전혀 감이 잡히지 않았다. 다시 전화기 속에서는 "내다 수자야."가 나왔고 이름을 아는 것으로 보아 잘못 걸린 전화는 아닌 것 같았다. 첫 전화에 반말을 하는 것이 마땅찮아 나도 "내가 누군데?"라며 반말 비슷하게 대꾸해주었다. 혹시 초등학교 동창 남학생이라도 되는 줄 알았다. '내라니까'를 여러 번 외치던 전화기 속에서 드디어 결정적인 한마디,

"선생님이다. 선생님. 야, 이놈아 그렇게도 기억이 안나나? 넌 어떻게 된 애가 선생님을 찾지도 않고 선생님이 너를 찾게 만드나 그래? 무심하기는 옛날이나 지금이나…."

선생님? 선생님이라고요? 이게 꿈이냐 생시냐 싶어 나는 전화기를 귀에 대고 팔짝팔짝 뛰면서 방을 스무 바퀴도 넘게 돌았다. 선생님이 나를 찾게 된 단초는 이랬다. 정기구독하시는 문학잡지에 '전라도 김치'라는 내 글이 실렸는데 그 글을 보신 선생님께서 순천시 공보과와 순천문협에 문의해 연락이 닿을 수 있었다. '전라도 김치'는 부산처녀가 전라도 순천으로 시집가서 온갖 실수를 연발하며 밤새워 김치 담는 내용이다. 수필 한편에서 옛 제자의 감수성을 족집게처럼 집어낸 선생님의 국어실력(과연 선생님다운!)도 대단하셨지만 그때처럼 내 글에 긍지와 보람을 느꼈던 적도 없었다.

혹시나 내(김수자)가 작가가 되어있을 지도 모른다는 예감에 문학잡지와 신문을 눈여겨보셨다니 선생님의 추측이 크게 빗나간 것은 아닌 것이다. 첫 만남의 자리에서 나는 선생님의 시력도 테스트해보고 싶었다. 사람이라고는 몇 없는 찻집에서

선생님은 옛 제자를 알아보지 못하고 지나치셨다. 나는 찻집에 들어서는 선생님을 첫눈에 알아봤는데! 선생님은 시력보다는 기억력이 빼어났다. 내 수필집에 실린 '선생님을 찾습니다.'를 읽어보시고는 얘, 이건 이게 아니야, 이것도 아니야. 기억력이 왜 그 모양이냐… 는 등 몇 가지 오류를 지적하셨다. 또 선생님의 별명과 '…못 생겼다…'고 표현한 부분도 지적의 대상이었다. 내가 정말 그래 못 생겼어? 라며 서운해 하셨다.

선생님은 나의 두 번째 수필집 ≪행복은 정말 별것도 아니다≫ 출판 기념회에 서울에서 순천까지 먼 길을 마다않고 오셨다. 대학 부속고교에 재직 중일 때라 오전 근무를 마치고 오시느라 식이 다 끝나가려던 즈음 도착했다. 잠깐 마이크 좀 쓰게 해 달라며 사회자의 마이크를 넘겨받고는 가쁜 숨을 진정시킬 사이도 없이 연설이 이어졌다.

"… 오늘의 주인공 김 수자가 바로 제 제잡니다…. 제가 수필 '선생님을 찾습니다.'의 그 선생님입니다…."

사회자의 의례적인 소개가 아닌 수필 속의 주인공으로부터 직접 듣는 자기소개는 축하객들에게 별난 감동을 선사했고 장내를 숙연하게 만들었다. 짧은 연설이 끝나자 우레와 같은 박수가 이어졌다. 예정에 없던 선생님의 축사는 출판기념회의 하이라이트가 되었다.

소원했던 대로 선생님과는 일 년에 한두 차례 순천과 제천을 오가며 맛있는 것도 사드리고 명승지 구경도 품앗이한다.

순천에서는 선암사, 순천만, 낙안읍성, 소록도가 대표적이며, 이효석 생가, 김삿갓, 단종애사의 청령포, 평창 5일장에도 손수 운전해서 안내를 해주신다.

나는 선생님이 예언하셨던 '시인'은 되지 못 했다. 그러나 "얘, 너 수필 말이야 우리나라에서 몇 손가락 안에 들 거야. 수필은 그렇게 써야 하는 거야."

이런 칭찬은 듬뿍 듣는다. 물론 듣기 좋아라고 하시는 말씀인 줄 알면서도 나는 기분이 우쭐해진다. 그래서 오늘도 선생님의 칭찬을 기대하며 열심히 글을 쓰고 있다. 한번 선생님은 영원한 선생님이고 한번 제자는 영원한 제자인가 보다.

이사

무작정 상경하는 시골 처녀처럼 나는 이사 가기로 결심했다. 마른 잔디 속에서 새싹이 돋아날 때 흔들리던 마음은 나물 캐던 바구니 내던지고 고향산천 뒤로하는 철부지 큰애기처럼 다분히 충동적이고 즉흥적이었다. 그러나 10여년 일가를 이루며 닦아온 삶의 터전을 아이들의 교육을 내세워 훌쩍 떠나기란 쉽지 않았다. 맹모삼천지교를 거울삼아 학교부근으로 이사를 나기로 했을 때 어정쩡한 남편의 반응이 마음에 걸렸다.

"언제쯤 이사를 할까요?"

"글쎄…"

"이사하지 말까요?"

"좋을 대로…"

하긴 일천오백 두나 되는 돼지 식구와 그들의 관리인 10여명을 챙겨야 하는 주부가 막무가내로 살림을 나겠다니 예삿일은 아니었을 것이다. 이런 불리한 여건에도 불구하고 나를 용기 있는 맹자 어머니의 후예가 되게 한 사건은 큰애가 여섯 살과 일곱 살 적 겨울에 연거푸 일어났다.

마땅한 장난거리가 없는 산골아이들은 빈 논에 세워둔 짚더미에서 숨바꼭질을 하다가 누가 먼저랄 것도 없이 불놀이를 제의했고 우리 집 아이가 앞장서서 성냥을 그었다고 했다. 다음 해 겨울의 두 번째 화재는 짚더미 속으로 달아난 쥐새끼 한 마리를 잡으려고 트럭 세 대 분의 짚을 훨훨 태워버린 사건이었다. 불이 난 현장에서 불을 쬐기도 하고 불이 잘 타도록 도왔던 혁구와 욱재 녀석들은 불이 큰 짚더미로 번지자 쥐새끼처럼 산으로 달아났다고 했다.

해질 무렵 두 녀석의 엄마가 사색이 되어 찾아왔다. 태워버린 짚을 공동으로 보상해주기 위해서 의논하러 온 것이다. 당장 짚 사줄 돈이 없기도 하지만 류머티즘으로 고생하는 욱재 아빠가 알면 병이 덧나게 생겼다고 걱정이 태산이었다. 한겨울에 비닐하우스 덮개용 볏짚을 구하기란 쉽지 않다고 말하는 욱재 엄마의 얼굴에는 어제보다 주름살 두 개가 늘어난 듯 보였다. 비닐하우스 덮개라면 사람으로 치면 이불과 같은 것이다. 이 추운 겨울에 이불이 없는 어린 채소를 생각하니 보통 일이 아니었다. 더구나 요즘처럼 개량벼가 판치는 때에 키도 크고 몸피도 튼튼한 재래종 볏짚은 초가을에 선금을 주지 않고는 구하기도 힘들다고 했다.

그러나 무엇보다 참을 수 없는 것은 '세 살 버릇 여든 간다.'는 속담대로 저축심을 길러주겠다고 사다 준 돼지저금통의 목을 자르고 2300원인가(가게 주인의 말) 되는 돈을 불량식품이며 성냥 사는 데에 날려버린 일이었다. 태교를 한답시고 가까운 사잇길을 피해 먼 큰길로 다니기를 고집하며, 〈스포크〉 박사의 ≪육아전서≫를 신주단지 받들듯했던 결과가 이 모양인가 싶어서 유감천만이었다. 겨우 한나절 사이에 일어난 일련의 사건들은 몹시 충격적이었다. 낭창거리는 대나무회초리를 마련해두고 녀석이 들어오기를 기다렸다. 맹자 어머니도 이럴 땐 별 수 없이 매를 들었겠지? 어린아이에게 성냥을 판 것도 그렇고 한 주먹이나 되는 동전을 다 까먹게 내버려둔 가게주인도 괘씸했다.

이래저래 이 산골마을은 아이를 키우기엔 적합하지 않아, 이사를 가야지 하고 결심했다. 비만 오면 물받이 바가지를 받쳐야하는 방, 밤마다 쥐새끼들의 난장판이 되는 천정이며 식사시간이면 대식구로 혼잡을 이루는 부엌, 갑자기 집 전체가 거대한 괴물처럼 위협해왔다. 이런 비교육적인 환경이 아이에게 불을 지르게 한 거야. 이사를 가야지. 맹자만한 아들을 욕심내서가 아니라 겨울에도 손발이며 얼굴이 트지 않는 아이, 흙먼지 일으키며 딱지치기보다 단정한 자세로 앉아 동화책이나 읽을 수 있다면 더 바랄 것이 없겠는데….

취학통지서가 나온 아이의 입학 전에 이사를 하기 위해 시내의 학교주변을 뒤졌다. 학교 가까운 도심지에 새로 지은 아파트를 찾아내는 데는 많은 시일이 걸리지 않았다. 어정쩡하게 찬성도 반대도 하지 않던 남편은 내가 1주일동안 이삿짐을 나르는데도 못 본체 했다. 못 본체 해주면 그나마도 고맙겠지만 일그러진 인상으로 못 마땅해했다. 자질구레한 물건들을 손수 실어 나르고 칠을 하고 못질까지도 손수 했다. 가마솥에 장작불로 끼니때마다 밥을 짓던 대가족의 살림살이가 주먹만한 밥솥이며 앙증맞은 주걱 따위의 소꿉장난으로 변했다. 자잘한 생필품은 수도 없이 필요했다. 매일 반복되는 먹고 잠자는 일에 있어야할 것이 이렇게 많다니 새삼스럽기도 했다.

이제야말로 소위 교육적인 분위기가 갖춰졌겠지 하고 생각한 것은 이사한지 한달이 되던 때였다. 이삿짐을 옮기랴, 제자리에 챙겨 넣으랴, 어수선한 분위기가 가라앉을 때도 되었는데 뒤숭숭한 꿈자리에서 깨어난 듯 머릿속이 개운하지 않았다. 잠자리가 바뀐 탓이려니 곧 좋아지겠지…. 초저녁엔 조용하던 사위가 한밤중이면 비몽사몽인양 수선거리고 싸움소리 같기도 한 소음이 계속되었다. 어느 날은 꿈인가 생시인가 하고 밤중에 일어나 정신을 차려보니 노랫소리, 젓가락 두드리는 소리, 소곤거리는 소리들이 아주 가까운 곳에서 들려왔다. 이 밤중에 누가? 설마 깊은 산속에 산다는 요정들이 내려온 건 아닐테고 누굴까? 소리 나는 쪽의 창을 열어보니 맙소사! 푸줏간에서나 보았던 붉은 형광등 아래에서 반라半裸의 젊은 남녀 몇 명이 젓가락을 두드리며 유행가를 뽑고 있는 곳은 바로 아랫집이 아닌가!

여기저기 붉고 푸른 네온사인이 어지럽게 돌아가고 있는 것이 말로만 듣던 홍등가였다. 낮이면 반반한 간판 하나 보이지 않고 쥐 죽은 듯이 한적한 주택가로 보이더니 …. 야행성 동물처럼 자정이면 성시를 이루는 사람들을 피해 다시 이삿짐을 꾸렸다. 인적이 그리울 것이라고 길가 쪽을 택했던 애초의 계산착오 때문에 이번에는 맨 구석진 곳의 3층을 택했다. 천년만년 살 것처럼 온 집에 니스 칠을 하고, 못을 박고, 쓸고 닦고, 이사를 하는데 또 1주일이 후딱 흘렀다.

이웃집 아이가 놀아주지 않는다고 징징대던 큰아이가 저녁때가 되어도 돌아오지 않는다. 학교운동장으로 이웃집으로 다 찾아다녀도 없다. 유괴당한 것은 아닐까? 허둥지둥 찾아 헤매는데 피아노방을 다녀오던 옆집 아이가 일러준다.

"극장 앞에 있는 전자오락실에서 봤어요."

땅바닥이 꺼질 듯한 절망감을 안고 어두운 골목에서 숨바꼭질이 계속되었다. 다 용납해도 전자오락실만은 막아야한다던 선생님의 당부를 들었던 게 며칠 전이다. 겉모양이 어느 정도 안정된 것과는 달리 마음은 쉽게 뿌리를 내리지 못했다. 방바닥에 등을 대고 누웠으면 공중을 붕붕 떠다니는 것 같은 불안에 쫓긴다. 남편은 여관방 같다며 시종 언짢은 표정을 감추지 않는다. 아래층에서 부부싸움이라도 터지는 날엔, "이것이 소위 말하는 교육적인 환경이냐?"며 언성을 높였다.

아파트의 획일화된 구조 탓인가? 야산에 자라던 소나무가 도회지 정원에 옮겨져 토양과 환경에 적응 못하고 시들어가는 모습이라고나 할까. 시간이 남아서 할 일도 많을 거라던 애초의 계획은 허사로 돌아가고 빈둥거리며 잠자는 데에 허송세월하고 말았다. 이래서는 안 되는데 하면서도 차 한 잔 마시며 잡담하다보면 한나절은 우습게 흘러버리고, 쌓이는 것은 후회와 반성뿐이었다. 아이들의 교육을 앞세워 강행했던 이사는 어른들의 적응력 부족으로 1년 만에 원위치로 되돌아오고 말았다.

"가게도 멀고 학교도 멀어서 싫은데 왜 도로 들어가는 거지요?"

아이들의 불평을 화살처럼 가슴에 꽂고 패잔병의 맥 빠진 어깨를 보이며 돌아왔다. 이삿짐은 원래 있던 자리에 쉽게 찾아 넣을 수 있었다. 몸에 맞는 옷을 입은 편안함으로 참으로 오랜만에 깊은 잠에 빠질 수 있었다. 돌팔이 맹자어머니의 흉내를 다시는 내지 않을 거라고 다짐하지만 그러나 또 나의 변덕이 어느 때 즉흥적인 이사를 나설지는 미지수다. 봄에 떠났다가 꼭 1년 후의 봄에 되돌아온 지난날의 이야기가 봄이 되니 되살아난다. 삶의 터전은 쉽게 떠나갈 수 없다는 소박한 교훈과 함께.

식탁보

바쁘기로 말하면 나보다야 몇 배쯤은 바쁘게 살아가는 이웃으로부터 손수 만든 식탁보 하나를 선물 받았다. 투병중인 나를 위해 새벽 한시까지 재봉틀을 돌려 만들었다는 내용의 편지가, 재미있는 그림과 함께 식탁보 속에 꽂혀있었다. 부엌에 들어서는 사람마다 '분위기가 훨씬 달라졌다'라는 말을 잊지 않는 걸 보면 선물치고는 참 적절한 선물이구나 싶다.

값으로 치면 몇 천원에 불과한 이 선물이 유독 찡하게 가슴을 울린 것은 살기에 바빠 잊고 있었던 나 자신의 지난날을 일깨워주었기 때문이다. 이 나이가 되도록 손수 만든 선물을 누구에게 건네 본적이 없어서 부끄럽기도 하지만 꼭 한번 나를 위해 식탁보를 만들었던 적이 있다. 그것은 결혼 날짜를 받아놓은 직후였다. 학창시절 수예시간에 한점도 제대로 완성해본

적이 없는 내가 어떻게 그런 대담한 결심을 하게 되었는지 모르겠다. 첩첩산중에 살던 때라 한 시간쯤 기차를 타고 이웃 읍내의 포목점을 찾아갔다. 옥양목이나 광목에다 단단한 수틀을 끼우고 놓는, 색깔선택이나 올 뜨기가 정교한 동양자수에 비해 듬성듬성 놓아가는 서양자수가 여러모로 편할 것 같아서 저 유명한 영국의 대학이름을 연상시키는 '옥스퍼드' 천을 사기 위해서였다.

조금씩 밤이 길어가는 가을이었는데 사흘 밤인가를 새우다시피하여 식탁보를 완성하였다. 나보다 열두 살이 위인 큰 언니가 등잔불 아래에서 수놓던 혼숫감은 수본을 한 눈금씩 세어가며 놓는 것이었는데 나는 수본도 밑그림도 없는 순수한 창작품을 만들었다. 그때 수를 놓으면서 나는 앞으로 펼쳐질 새로운 세계에 대한 동경으로 들떠있었다. 아이는 남매였으면 좋겠고, 유리창을 많이 넣은 남향집에다가, 마당에는 갖가지 채소와 꽃을 가꾸고 싶어 했다. 그맘때 누구나 그려보는 평범한 꿈이었으리라.

손수 가꾼 포도송이를 예쁜 접시에 담아 이 식탁보에 받쳐 먹으면서 엄마의 어린시절 이야기를 들려줘야지…. 엄마가 좋아했던 노래며 어릴 때 자랐던 바닷가, 그 바다 위에 날던 갈매기 두세 마리, 산마을에 피던 복사꽃, 딸기, 복숭아, 포도가 넘치던 과수원의 풍경과 '해피 홈' '최선을 다 하라' '데미안' '생의 한가운데' 등의 영어문구와 이미 기억해낼 수조차 없는 많은 것들을 수놓았다.

내 삶의 여정은 어쩌면 이 식탁보를 펴기 위한 과정은 아니었을까? 물설고 말 설고 낯선 땅에서의 결혼생활은 내가 동경했던 세계와는 딴판이었다. 대가족이 복작거리는 식사시간은 허구한 날 잔치마당이었고, 아침밥 먹고 돌아서면 새참, 새참 설거지 끝나기 전에 점심준비, 점심 먹고 나면 또 새참, 먹고 씻고, 먹고 씻는 일로 손끝에 물마를 새가 없었다. 밤새워 수놓았던 식탁보는 장롱 틈새로 스며든 연기에 새까맣게 그을린 채 깊은 잠 속에 빠져있었다. 창 넓은 남향집이며 차 한 잔의 휴식과 여유는 먼 나라의 얘기처럼 아득하기만 했다.

소망했던 대로 남매를 두었는데 엄마의 어린시절에 대해서 유난스럽게 질문이 많은 아이들을 보며 머지않아 기억의 보따리를 풀어야할 것 같다. 이상한 부호 같기도 하고 알아보기 힘든 추상화나 아니면 간단한 컷처럼 도무지 종잡을 수 없는 엄마만의 세계를 아이는 언제쯤 이해하게 될까? 그것은 딸아이가 시집갈 때쯤이 아닐까?

여자에게 있어 식탁이란 숙명적인 존재다. 별난 재능이 있어서 독신으로 살아간다면 몰라도 대개는 결혼하여 식탁을 가꾸는 것이 의무이며 그곳이 또 다른 즐거움의 장소란 걸 알게 될 것이다. 즐거움 중에서도 먹는 즐거움이 최고라는 어느 석학의 말이 아니더라도 기분이 나쁘거나 즐거울 때 여자라면 누구나 식탁에 신경을 쓰게 마련이다. 나쁜 기분을 떨쳐버리기 위해 정성껏 음식을 준비하기도 하고 기분이 좋은 것을 알리기 위해 푸짐한 식탁을 마련하기도 한다. 식탁의 분위기를 한결 돋보이게 하는 것이 식탁보다.

예쁜 식탁보를 마련할 줄 아는 주부라면 알칼리성 세제에 거칠어진 손도 부드럽게 다듬을 줄 알고, 부드러운 손만큼이나 마음도 곱게 다듬을 것이다. 가끔 기발한 유머를 구사하여 이웃에게 신선한 웃음을 선사할 줄도 알 것이다. 하는 일 없이 바쁘다는 소리가 입버릇이 되고 당연한 듯이 비닐제품을 써왔던 내게 식탁보 선물은 내 사라진 청춘의 꿈을 일깨워준다. 순수와는 먼 거리에서 허우적거리며 선과 악의 판단능력조차 마비된 병든 내 영혼을 위해 기도하고 싶다. 지금이야말로 장롱 깊숙이 넣어둔 나의 식탁보를 꺼낼 때가 아닌가!

봄날의 하루

허브 모종을 했다. 작년 여름에 삽목해 키워오던 것들이다. 스티로폼 상자 속에서 가을 겨울을 지낸 모종들을 따뜻한 봄날 마당에 옮겨 심는다. 뿌리가 제대로 자랐는지 궁금했는데 의외로 손가락 하나 길이의 제 키에 비해 뿌리는 두세 배 깊이 자랐다. 사람들의 왕래가 잦은 길 주변에 심으면 사람들이 오갈 때마다 상큼한 향기가 날리겠지.

이 허브는 구례농고에 근무하던 서 선생한테 선물 받은 것이다. 구례 어디에서 야생화를 분양한다는 소식을 듣고 서 선생한테 전화했더니 그곳이 마침 구례농고라고 했다. 서 선생은 학교 도서관의 관리를 맡아 신간을 많이 구입했으니 책도 빌려주고 맛있는 커피도 대접하겠다며 놀러오라고 했다. 쾌재를 부르며 달려갔다가 온실에 진열된 수많은 화분 중에서 허브 화분을 선물 받게 되었다. '로즈마리'라는 예쁜 이름이다.

서 선생과는 문학회에서 만나 20년 넘게 친분이 이어져 오는 사이이다. 나이는 나보다 칠팔 세 아래지만 내가 만난 사람 중에서 대화가 가장 잘 통하는 사람이다. 알맞게 겸비한 학문과 지성에다 문학적 감수성까지 두루 갖춘, 드물게 귀한 이웃이다. 내 글을 꼼꼼하게 읽고 성실하게 비판해주는 것도 그녀다. 신동아에 논픽션을 쓸 때도 그녀가 직접 타이핑을 해주는 등 공로가 많았다. 아마도 나의 비밀을 그녀만큼 아는 사람도 없을 거다. 그런 사이지만 선물을 받는 것은 어째 좀 쑥스럽다. 가격이 별로(6천 원) 부담스럽지 않아 그나마 다행이었다.

"허브는 물을 좋아하니까 물만 많이 주면됩니다."

온실당번 학생이 분을 넘겨주며 말했다. 그러나 나는 몇 차례 허브를 실패한 경험이 있어서 좀 걱정되었다. 허브향이 기억력을 좋게 한다는 말에 몇 개씩 사다가 화장대와 책상 위에도 놓고 책장과 부엌에도 두었는데 며칠 못 가 누렇게 잎이 말라버리곤 했다. 이번에는 잘 키워야할 텐데…. 선물 받은 허브 화분은 보통 시장에서 파는 것보다 훨씬 크다. 덩치가 크니까 자라기도 잘 하겠지 싶어 화분에서 뽑아 마당에다 심었다. 솔직히 말하자면 제때에 물주고 햇볕을 쏘이는 등 관리에 자신이 없었기 때문이다.

음지(허브가 음지식물이라는 것은 나의 오해였다)식물을 양지에 내놓으니 내심 걱정이 되었다. 그러나 허브는 걱정 말라는 듯 나날이 푸른빛을 더하며 가지를 뻗어갔다. 허브는 상하의 나라, 남미가 원산지라고 하는데 동해(凍害)를 입는 다른 식물과는 달리 겨울에도 푸른빛을 띠며 잘 자랐다. 한국에 건너온 지 이십 여 년에 한국 사람보다 더 한국적으로 변해버린 벽안의 여인 같다. 잎을 쓰다듬으면 심신이 맑아지는 향이 손바닥에 베어나고, 땅에 심은 뒤로는 물주는 일조차 하지 않아도 되니 나처럼 게으른 사람이 키우기에 제격이었다. 나는 자신감이 조금 생겼다. 내친김에 아예 허브 밭을 만들고 싶어졌다.

허브 화분을 몇 개 더 사려고 꽃집엘 갔다. 꽃집 주인은 허브를 팔 생각은 않고 번식요령을 알려주었다. 가지를 10센티 길이로 잘라서…. 직접 삽목해서 번식시키면 돈도 절약되고 키우는 재미도 더할 것이다. '절약과 노동' 이것은 요즘 내 삶의 중심과제들이다. 꽃집주인이 일러준 대로 산에 가서 부엽토를 퍼다 허브의 가지를 잘라 꽂았다. 그리고 사나흘 걸러 물을 흠뻑 주는 것이 전부였다. 작은 가지에서 어엿하게 하나의 나무로 자란 허브는 모두 마흔 포기나 된다.

황토흙집 앞에 허브모종을 옮겨 심는다. 방안에 앉아 문을 열면 허브향이 안방까지 몰려온다. 허브향이 기억력을 좋게 해준다고 하니 기억력이 허약한 나에겐 필수품이다. 사철 밤낮으로 허브 향에 취해 산다면 기억력이 너무 좋아져서 젖 먹던 시절 아니 전생의 어느 대목까지 거슬러 오를 수도 있을까?

서 선생과 나는 전생에 어떤 사이였을까? 허브와 나는? 그러나 굳이 알고 싶은 마음은 없다. 지금 좋은 사이인 것을 보면 아득한 옛날에도 틀림없이 좋은 사이였겠지.

허브 모종을 끝내고 서둘러 씨앗가게에 가서 나물 박, 조롱박, 해바라기, 접시꽃, 채송화 씨앗을 사다 심었다. 오늘은 손님이 두 차례 오셨다. 봄 아줌마 한 분은 3종류의 커피를 함께 갈아 만들었다는 특별한 커피와 꽃무늬 커피 잔을 선물로 가져왔다. 내가 커피를 못 마신다니까 소량으로 꼭 한번만이라도 맛을 보라고 당부한다. 그래, 한번쯤 맛본다고 어디가 무너질까. 내일 당장 마셔봐야지. 지옥처럼 뜨겁고 사랑처럼 달콤하고 또 무엇(갑자기 생각이 나지 않네)처럼 향기롭다는 커피를 나도 한때는 무척 좋아했다. 그런데 지금은 한 모금만 마셔도 밤잠을 설치니 이상한 일이다. 손님들에겐 '냉이차'를 대접하고 노랑어리연꽃과 부레옥잠을 한 뿌리씩 선물했다. 물에 담아 실내에 두면 습도조절이 되고 아이들 교육에도 좋을 것 같다. 꽃이 피면 집안 분위기도 한결 상쾌해질 것이다.

낮에 틈틈이 캐둔 냉이로 저녁에는 냉이차를 만들었다. 깨끗하게 씻은 냉이를 뜨거운 불에 살짝 덖어 신문지를 깔고 황토 방에서 말리니까 고소한 냉이향이 방안에 가득하다. 향긋한 봄날의 길고 긴 하루가 끝나고 어둠이 밀려온다.

고구마를 몇 번이나 더 캘 수 있을까?

살아오면서 나는 몇 군데 사회교육프로그램에 참가하여 배우고 익히는 일을 즐거움으로 삼았다. 사회교육프로그램의 기간은 당일치기에서부터 길게는 1주일짜리도 있었다. 농촌주부로서 들일 집안일은 물론 어린아이들을 떼어놓고 며칠씩 집을 비우는 일이 쉽지 않았지만 어떻게든 짬을 내어 교육의 기회를 놓치지 않았다. 가정이라는 닫힌 공간에서 새로운 정보를 접할 기회가 없는 농촌주부에게 사회교육의 기회는 수많은 이점을 가져다준다. 무엇을 알고 배우는 외에도 에너지 재충전의 기회가 되며 동시에 자신을 돌아볼 수 있는 기회가 된다. 휴식과 자극, 새로운 문물을 수혈 받는 일석삼조의 기회. 바깥 세상에 나갔다 올 때마다 내 눈은 조금씩 밝아지고 귀도 조금씩 열려서 사는 일이 한결 수월해짐을 느꼈다.

기억에 남는 프로그램으로는 〈가나안농군학교〉 〈산안농장〉 〈동사섭〉 〈성공하는 사람들의 7가지 습관〉 〈ME〉 〈호스피스교육〉 등이다. '산안농장'과 '가나안농군학교'는 특히 농촌 사람들에게 유익하고 밀접한 내용들이라 생각된다. 가장 기억에 남는은 가나안농군학교 '김용기' 교장의 특강이다. 한복에 고무신을 신고 아시아의 노벨상이라는 막사이사이상을 받으러 갔던 이야기, 치약을 한번에 1밀리미터씩만 짜서 쓰라는 근검절약정신, 우리나라의 인구가 최소한 1억 명은 넘어야 한다는 주장 등 파격적인 내용이 많았다. 범정부 차원의 가족계획이 한창이던 시기에 1억 인구라니 뜻밖의 주장에 선뜻 수긍이 가지 않았다. 이 좁은 땅에서 그 많은 인구가 뭘 먹고 사느냐는 한 교육생의 질문에, "우리나라의 70퍼센트를 차지하는 산지를 개발하면 충분하다."고 말씀하셨다.

이때가 1970년대 중후반이었으니 지금 생각해보면 선견지명이 뛰어난 분이셨구나 싶다. 그로부터 불과 30여년 사이에 우리나라는 세계에서도 앞서가는 '저 출산국'이 되어 부족한 인구 걱정이 이만저만 아니니 말이다. 1억 인구는 내수內需의 기본 단위이며, 천연자원이 없는 만큼 사람을 자원으로 써야 한다던 말씀이 귓가에 쟁쟁하다. 나라 경제에 문외한인 아녀자의 소견으로도 1억 인구가 꿀벌처럼 부지런히 산지를 개간하였어도 지금처럼 실업자 문제가 심각하고 농촌이 어려웠을까 하고 상상해볼 때가 있다.

덧없이 흘러가는 세월을 '고구마 캐기'에 비유하던 명 강의는 한해가 저물어가는 이맘때에 음미해볼 만한 대목이다. 군불 때고 난 아궁이 잔불에 고구마를 넣어놓고 지나 온 한해를 차분히 돌아본다.

"…제군들, 고구마를 한번 캘 때마다 나이 한 살씩을 먹는다고 생각해 봐. 앞으로 몇 번이나 더 고구마를 캐게 될지 그걸 염두에 두면 인생이 얼마나 짧은 것인지 쉽게 이해가 될 것이다. 사람이 칠십까지 산다고 가정했을 때 제군들이 고구마를 몇 번이나 더 캐게 될지 계산해보라고…."

초등학교 일 학년도 쉽게 풀 수 있는 해답을 일일이 한사람씩 일어서서 큰소리로 대답하도록 했다. 그때 내 대답은 '마흔 번'이었다. 마흔 번이라고 대답하고 보니 내가 살아 있을 햇수가 40년이라는 사실에 깜짝 놀랐던 기억이 난다. 올해(2005년) 고구마를 캐면서 나는 또 그 말씀을 떠올렸다. 앞으로 '열두 번' 더 고구마를 캐게 될 것 같다. '마흔 번'이 어느새 '열두 번'으로 줄어들었다. 평균수명이 늘어났으니 한 열 번쯤은 더 늘려 잡아도 되려나? 그러면 스물두 번이 된다. 앞으로 고구마를 스물두 번 캐면 내 인생의 막이 내린다.

"당신은 당신 생애에서 고구마를 몇 번이나 더 캘 수 있을 것 같나요?"

나는 올해 이 말을 많은 이들에게 해보았다.

"까짓 고구마 몇 번 캐는 게 뭐가 어쨌다는 거야?"

하고 심드렁하던 반응은 사라지고 금방 자세를 고쳐 앉는다. 천금같은 시간을 시시하게 낭비하는 이들에겐 경종의 의미가 담긴 말이다. 이런저런 질병과 고난으로 시한부 삶을 사는 이들에겐 희망의 메시지가 담긴 말이다. "고구마 열 번은 더 캐야지요. 아니 스무 번은 캐야지요."

이 말은 '당신은 건강하게 십년 아니 이십년을 살 수 있어요.'라는 뜻이다.

가을에 고구마를 캐려면 우선 봄에 고구마를 심고 여름 불볕과 장마에 열심히 보살펴야 한다. 고구마 한번 캘 때마다 1년씩 줄여가는 이 계산법은 단순한 숫자놀음이 아니다. 생명의 유한성에 대한 '자기 확인' 작업이다. 시시각각 썰물처럼 빠져나가고 있는 시간의 존재를 깨닫는 순간, 우리는 가치 있는 삶에 눈뜨게 된다. 마지못해 끌려가는 삶이 아닌 이끌어가는 삶 즉 주인의식을 깨닫게 하는 말이다.

나는 흙의 주인인가? 노예인가,

나는 시간의 주인인가? 노예인가,

나는 가정의 주인인가? 노예인가,

또는 사회의 또는 내 인생의 주인으로 살고 있는지 생각해 본다. 마지막 한 장 달력을 넘기면서 우리 모두는 자신에게 질문해야 하리라. '남은 내 생애에서 고구마를 몇 번이나 더 캘 수 있을까?'하고.

알아야 면장을 하지

돼지꿈

해바라기를 심으며

방촌 할아버지와 이웃집 아저씨

큰 손 작은 손

박새의 죽음

팔자타령

파리를 위한 명상

안단테 칸타빌레

알아야 면장을 하지

일일 면장을 하기로 한 날이다. 아침 8시 50분까지 면사무소로 나와 달라는 전화를 받았다. 면장이란 면민을 대표하는 자리니까 경건하고 신중한 마음가짐을 위해 아침 일찍 일어나 정성껏 세수하고 행장을 차렸다. 행장을 차린 후에 기도하는 마음으로 차를 한잔 마셨다. 차를 마시면서 오늘 하루가 어떻게 전개될지 궁금했고 걱정되기도 했다. 알아야 면장을 하지, 라는 말이 있는 걸 보면 면장자리는 아는 게 많아야 되나 본데 '서면' 사람이 된지 만 30년이지만 나는 우리 서면에 대해서 아는 게 하나도 없다. 주민등록증이나 인감증명을 떼러 잠깐 들릴 뿐 면장님이 누군지 면의 사정이 어떻게 돌아가는지 전혀 관심 밖이었다. 우리 면은 물론 우리 마을에서 어떤 일이 벌어지는 지도 모르고 지냈다. 내가 사는 마을에 이렇게 관심이 없어도 되나? 그래도 아이들의 고향인데…. 부끄러운 마음이 들던 차에 잘 됐다. 비록 하루일망정 면장이 되어 면의 살림살이를 살펴보는 것은 나에게도 많은 보탬이 될 것이다.

전 직원 앞에서 1일 면장의 취임인사를 할 때는 가슴이 두근거렸다. 오늘 하루 열심히 면장 노릇해보겠다는 요지의 인사말을 했다. 인사말은 1분도 걸리지 않았다. 주례사나 인사말은 짧을 수록 좋다는 생각에서였다. 1일 여성명예면장 위촉장과 운영계획표를 받고 좌석을 배치 받았다. 책상 위에는 '일일명예면장'이라는 종이명패가 놓여있다.

오늘 업무보조자는 시원시원한 언행에 마흔 중반의 복지계장님이다. 그의 책상 위에는 손바닥만한 앉은뱅이 거울이 하나 있다. 그는 사무실의 책상만이 아니라 집안 곳곳에도 거울을 비치해 놓고 틈나는 대로 거울을 본다고 했다. 거울에 비친 자신의 얼굴을 보면서 힘과 용기를 얻는다는 거울 예찬론자다. 거울 속 자신의 얼굴에 반한 불혹의 사나이라! 혹시 냇물에 비친 자신의 미모를 흠모하다 물에 빠져죽었다는 '나르시스'의 화신? 늘어나는 주름살에 주눅 들기보다는 거울을 마주보는 용기를 택한 나르시스. 덩달아 나에게도 용기가 샘솟는 것 같아 긴장이 슬슬 풀리기 시작한다.

'순천소식'지를 통해 낙안 민속마을, 송광사, 선암사, 순천만을 잇는 시티투어가 매일 운행 되고 있음을 알았다. 박식한 관광안내원이 따라붙는 시티투어는 시간과 비용이 절약되니 초행의 외지 손님들에게 권장할 만한 코스다. 버스로 30분이면 천혜의 관광명소가 즐비한 순천. 고향이 어디냐는 물음에 '순천'이라고 대답하면 열이면 열 '순천에는 미인이 많다던데'라는 말이 돌아온다. 이런 말을 들을 때마다 부산에서 순천으로 시집온 나로서는 기뻐해야 할지 말아야 할지 좀 헷갈린다.

말썽 많은 '쓰레기 매립장'에 관해 상세히 알게 된 것도 수확이다. 순천시의 쓰레기 매립장이 바로 우리 마을 뒷산 너머에 건립된다고 마을에서 데모 분담금까지 냈던 나로서는 각별히 관심이 갔다. 우리들이 적극 반대투쟁(나는 왜 적극 반대하는지 이유도 모른 채 분담금을 냈는데 들어보니 시청 앞에서 1인 시위하는 사람들의 비용 등등으로 쓰인다고 했다)을 벌이고 있는 쓰레기매립장 건설은 그러나 입지 결정고시까지 끝낸 사항이어서 변경의 여지가 없는 상태라고 나와 있다. 모르긴 해도 해당기관에서 이미 법적절차를 끝낸 사안에 대하여 왈가왈부하는 것은 계란으로 바위 치는 격 아닌가?

어디가 되었건 쓰레기 매립장이 건립되어야 하는 것에는 이론의 여지가 있을 수 없다. 우리가 만든 쓰레기를 우리가 치우지 않고 누구에게 떠넘길 것인가? 혐오시설이기 때문에 '우리 지역은 안 된다'고 우기면 머지않아 우리 모두 쓰레기더미에 깔려 죽을지도 모른다. 전국적으로 장애인시설이나 납골당, 화장장 등등 소위 혐오시설(따지고 보면 그게 왜 혐오시설인가? 우리는 늙지 않고 아프지 않고 죽지 않을 것인가? 결국은 우리들이 이용할 시설인데)들이 주민의 반대에 부딪쳐 표류하고 있는 것도 안타까운 일이다. 근본적으로 중요한 것은 '어디에 만들 것인가'가 아니라 '왜 만들어야하는가?'이며 나아가서 쓰레기를 줄이는 생활의식이다. 멋모르고 반대투쟁의 분담금까지 냈던 나로서는 참으로 맥 빠지는 일이었다. 시청 앞에서는 추위에도 아랑곳없이 오늘도 반대시위가 계속되고 있으니 답답하다.

오후에는 '쌀 소득보전 직접지불제' 관련회의에 참석하였다. 각 마을의 이장이 참석하는 회의였다. 쌀 소득보전 직접지불제란 내년부터 시행되는 논농사 장려정책이라는데 홍보부족인 듯 이장들의 질문이 쏟아지다가 마침내는 원색적인 욕설이 터져 나왔다. 금액 환산법이 복잡한 데다 고양이 손이라도 빌리고픈 농번기에 농민들을 만나서 직불제의 내용을 이해시키고 관련서류에 도장을 받아야하는 어려움을 토로하는 이장들도 있다. 몇 번 설명을 들었지만 나도 이 제도의 참뜻(아니 명칭조차도)을 이해하지 못했다. 원!

결재도장은 모두 3번 찍었다. 출장명령부에 하나, 차량운행 하나, '기초생활수급자생계주거비 지급내역서'가 하나였다. 마지막 건은 액수가 거금 '육천일백만 원'짜리다. 내용을 따져보지도 않고 덜컥 도장을 찍었다가 후환이 생기지는 않을까? 도장을 지참하지 않아 대신 사인을 날리는 기분은 조금 우쭐하기도 하고 뒤탈이 걱정되어 심난하기도 했다.

점심시간에 직원들과 식사하러 나갔다가 돌아오는 길에 우리 집에 들러 차 한 잔을 나누었다. 면사무소에서 우리 집은 5분 거리다.

"단정하게 꾸며진 정원은 흔히 보았지만 야생화 정원은 처음인데요."

저 나고 싶은 곳에 제 멋대로 나있는 꽃밭이 예쁘다는 칭찬에 눈이 어두워 아끼는 포도주를 개봉하여 한 잔씩 권했다. 권하거니 자시거니 하다가 업무시작 시간을 넘겨버렸다. 부랴부랴 달려가는데 중간쯤 도로 위에서 민방위 사이렌을 만났다.

오후에 민방위 지도를 나가게 되어있는 우리들은 차안에서 그만 민방위 사이렌에 갇히고 말았다. 다른 차들은 민방위 훈련에 아랑곳 않고 쌩쌩 잘도 달리는데 우리는 차안에서 발을 동동 구르며 해제 사이렌이 울리기를 손꼽아 기다렸다(아, 이렇게 준법정신이 투철한 공무원들이라니!). 민방위 지도를 못 나갔으니 이건 시말서 감이다. 예전에 나도 공무원일 때 저녁 회의에 참석하지 않았다가 면장에게 불려가서 꾸중 듣고 시말서 쓴 적이 있었다. 시말서 몇 번이면 자리보존이 위태로워지는데, 일일면장이 시말서를 쓰면 어떻게 되는 건가? 동행한 직원들에게는 "오늘 사태에 관해서 책임질 일이 있으면 일일면장이 책임지겠다."며 호기를 부렸지만, 면장 체면이 말이 아니었다. 다행히 시말서를 쓰는 일은 일어나지 않았다.

퇴근 무렵 직원들이 '공무원노동조합'이라 새겨진 조끼를 입고 나타났다. 말로만 듣던 공무원노조다. 설마 일일면장 앞에서 파업투쟁을 하겠다는 것은 아닐 테지? 공무원이 노조를 만들면 '사'는 누가 되느냐고 거울예찬론자, 복지담당(요즘은 주사나, 계장이란 호칭이 없어졌다고 한다)께 물었다. 그거야 면민(국민)이 되겠지요. 마침내 올 것이 왔구나! 이때부터 나는 노조들의 눈치를 보기 시작했다. 각목이며 화염병이며 몸싸움으로 난장판이 벌어지는 파업 장면을 텔레비전에서 많이 봐왔기 때문이다. 국민과 공무원 사이에 혹시 그런 사태가 벌어지면 어떻게 되나? 아아, 이미 공무원의 연가파업이 시작되었다고 매스컴에서 연일 법석들이지 않은가. 공무원이 일손을 놓자 대민업무가 마비되고 노조간부들이 연행되고….

일일면장을 끝내는 나의 소감은,

"노사간에 문제가 있다면 함께 머리를 맞대고 풀어야합니다. 제발 우리 노사는 함께 나아가기를 바랍니다. 그리고 화장실에 휴지가 없던데요. 휴지를 마련해두는 것도 대민 서비스의 중요한 몫이 아닐까요? 유익한 하루였습니다. 이만."

돼지꿈

모든 것은 미운 눈으로 보면 밉게 보이고 고운 눈으로 보면 한없이 곱게 보이기 마련인가. 직업 탓인지는 몰라도 돼지에 관한 한 내 눈에는 예쁜 짓만 보인다. 돼지라면 뭐든지 좋다 보니 멱딴다는 울음소리도 우렁차게 들리고 그 냄새 또한 거슬리는 일이 없다. 친정엄마처럼 분만을 돕고 청소를 해주다가 나도 모르게 쓴웃음 지을 때가 있다. 사람들을 바라볼 때도 돼지를 보듯 좋은 점만 보고 있는지, 이런 마음으로 사람을 사랑하고 있기나 한 지 때로 내 자신이 의문스러워진다.

돼지의 여러 예쁜 점 중에서도 우선 무욕無慾의 경지가 돋보인다. 제 배가 차면 그뿐 남의 것을 넘보지 않는다. 온갖 불행의 시초는 더 가지려는 데서 비롯되지 아니하던가. 다음으로 그 정직성이 돋보인다. 먹은 만큼 자라고 사랑 받은 만큼 돌려준다. 거짓을 모르는 놈들이다. 재주를 부리거나 꼬리를 치지 않는다. 생긴 대로의 투박함을 조금도 부끄러워하지 않으며, 지극한 모성母性으로 나를 감복시킬 때가 있다.

이런 돼지가 사람들에게서 웃음거리가 될 때 나는 속이 상한다. 돼지의 추한 생김새가 웃음거리가 되고 미련스런 행동거지가 천대를 받는다. 돼지 값이 뚝 떨어질 때는 기분이 말이 아니다. 내가 세상으로부터 조롱받거나 멸시당하는 기분이다. 글 속에서도 '돼지같이 미련한 놈….' 등의 구절을 대하면 괜스레 열이 오른다. '배부른 돼지가 되느니 가난한 소크라테스가 되겠다'는 말을 사람들은 즐겨 쓴다. '배만 부르면 다냐? 생각할 줄도 알아라'는 고상한 교훈을 담고 있다. 돼지에 대한 지독한 야유며 힐난의 경구라고 하겠다. 돼지가 말을 한다면 하고 싶은 말이 태산을 이룰 것 같다. 맨 처음 그는 '너 자신을 알라'는 소크라테스의 추종자들을 향해 말문을 열지 않을까.

이런 천대꾸러기가 삼삼한 대접을 받을 때가 있다. '삶은 돼지머리'나 '돼지꿈'이 그것이다. 새로운 사업을 도모하거나 큰 일을 계획할 때 사람들은 돼지머리를 찾는다. 하늘을 찌를 듯한 고층건물의 준공식에, 상량식에 또는 고사상의 가운데 자리를 차지하는 것은 돼지머리다. 돼지머리는 고액권 지폐를 잔뜩 물고 높은 사람들의 절을 받고 있다. 연전, 미국의 항공우주 기지에서 '무궁화 2호'를 쏘아 올릴 때도 돼지머리 사다놓고 고사를 지냈다는 기사를 보았다. 미국에서는 돼지머리를 팔지 않아서 바비큐용 통돼지를 구해다 놓고 절을 했단다. 무궁화 1호가 실패했던 이유가 돼지머리고사를 지내지 않아서 그랬다는 후문이 떠돌았다고 한다.

'돼지같이 미련한 놈아' 하고 깔보던 사람들도 그저 처분만 바란다는 듯 절을 해댄다. 더럽다고 퉤퉤 침을 뱉던 사람들도 주저하지 않고 무릎을 꿇는다. 욕심꾸러기라고 욕하던 사람들도 복 달라고 손을 비빈다. 복 받으려면 돼지머리 앞에 절하는 수밖에 없다는 태도다. 아무도 소크라테스 앞에서 그런 소원을 빌지 않는 게 이상하다. 껍데기 하나에 수백수천 만원을 호가하는 밍크나 물방울 다이아몬드가 아닌 것이 이상스럽다.

평소에 얕잡아보던 오만함은 어디로 가고 무사안일, 만사형통을 빌고 빈다. 그렇게 봐서 그런지 돼지머리는 복이 있는 곳을 알고 있다는 듯 빙긋이 웃고 있다. 인간의 길흉화복吉凶禍福을 점치는 열쇠라도 감추어놓은 듯 의미심장한 웃음이다. 돼지머리 앞에서 넙죽넙죽 절하는 사람들을 보면 기분이 좋다. 우리 집에 지천으로 있는 돼지가 좋은 대접을 받아서 그렇다. 돼지는 한 번 절을 하거나 꿈속에서 슬쩍 스치기만 해도 복이 굴러들 것 같은 기대감을 준다. 그래서 돼지꿈을 꾼 사람들은 복권을 사거나 횡재수를 기대한다.

나도 일이 잘 풀리지 않거나 걱정거리가 생기면 돼지꿈을 꾸고 싶다. 돼지 값이 떨어져서 죽을 쑤고 있을 때는 그 놈의 꿈이 더욱 간절해진다. 밤낮으로 수천 마리의 돼지 속에 묻혀

사니까 꿈에 자주 보일 것 같은데, 그래서 제 놈 때문에 빚진 사료 값이 복권 한 장으로 뚝딱 넘어갈 것 같은데 영 나타나 주질 않는다. 30년 넘게 돼지를 키우면서도 돼지꿈은 딱 한 번 꾸었다. 꿈 자랑을 하면 복이 달아난다고 하지만 받을 복을 충분히 받았기에 나는 꿈 자랑이 하고 싶다.

어느 해 첫 날에 나는 그 꿈을 꾸었다. 더러운 웅덩이에 새끼돼지 열 마리가 빠져 질식해 있었다. 귀한 순종들이었다. 꿈 속에서 그놈들에게 인공호흡을 했다. 나는 인공호흡의 기술을 알고 있다. 태어날 때 어미 뱃속에서 질식해 나오는 놈들에게 인공호흡을 해준다. 사람에게 하듯 깨끗한 천을 코에 씌우고 숨을 불어넣었다. 처치가 끝났을 때 열 마리의 새끼돼지들은 거짓말 같이 생기를 찾고 깨어났다. 그 해에 굴러든 행운은 이루 다 들먹일 수가 없을 정도다. 그건 바로 칠거지악의 위기에서 나를 구해준 태몽이었고, 숙원이던 전화가 개통되고, 자동차를 구입하고, 돼지 값이 급등하여 사채를 정리하고….

나는 요즘 돼지꿈을 한 번만 더 꾸고 싶다. 제2의 IMF라고 너나없이 기진맥진해 있는 때에 묘책은 돼지꿈을 꾸는 일이 아닐까. 아니면 돼지머리 하나 삶아 놓고 꾸벅꾸벅 절을 해대고 싶다. 그놈이라면 늘어나는 청년실업자 구제쯤이야 누워 떡먹기일 텐데. 하지만 놈은 좀처럼 꿈에 보이지 않는다. 내 정성이 부족한 탓인지?

해바라기를 심으며

올 봄은 유난히 비가 잦다.

억세게 퍼붓는 지겨운 장맛비도 아니고 사나흘 지나 하루씩 조용조용 내리는 보슬비라 반갑다. 풀풀 날리던 골목길 먼지를 잠재워주고 씨앗이 싹트기에 충분한 양이라 볼수록 흡족하다. 예년보다 빨리 온 더위 때문에 혹시 뜨거운 햇볕에 싹이 시들까 걱정하면 그때마다 촉촉하게 한나절을 내려준다. 올봄 따라 유난히 빗방울에 신경 쓰는 이유는 보름 전에 심었던 해바라기 씨앗 때문이다.

내가 이 씨앗을 받은 것은 서너 해 전이다. 칠순이 넘은 친정어머니는 대여섯 평의 좁은 마당에 늘 꽃을 가꾸었다. 어머니는 마당에 심어놓은 상추며 꽃을 헤집고 벌레를 잡기도 하고 물주는 것을 노후의 소일거리로 삼았다. 가끔씩 들리는 친정

집 뜰에는 철따라 과꽃이며 족두리꽃이 어머니처럼 밝은 웃음을 머금고 나를 맞아주었다.

"이거 우리 마당에 심었던 거다. 거긴 땅이 넓으니까 보기 좋을 거다."

절반은 쥐 떼들에게 뺏기고 겨우 건진 거라며 한 주먹이나 되는 해바라기 씨앗을 비닐봉지에 넣어주었다. 나는 그 봉지를 받아 넣고 그만 씨앗의 존재를 까맣게 잊고 말았다. 더러 청소할 때 눈에 띄기도 했지만 그때마다 겨울이거나 한여름이라 철이 맞지 않아서 그대로 넣어두고는 정작 봄이 되면 또 잊어버렸다.

한 집에 살던 식구가 짝을 만나 살림을 차려나가고 방이 하나 비자 우리 가족들은 저마다 그 방을 욕심내게 되었다. 이층 창문으로 하늘 한 자락과 산비탈 그리고 마당이 내다보이는 그 방은 아들의 공부방으로 정해졌으나 녀석은 한밤중의 무서움을 이겨내지 못하고 자진해서 아래로 내려와 버렸다. 오르내리기 불편한 어른들과 무서움 타는 아이들이 제외되니 방은 자연스럽게 내 차지가 되고 말았다. 신방을 꾸미는 설렘으로 책상을 옮기고 책들을 정리하는데 불쑥 해바라기 봉지가 떨어졌다. 마침 봄비가 내리던 날이어서 이번에야말로 때를 놓치지 않으려고 주머니 속에 찔러 넣었다.

몇 년 묵은 씨앗인데도 싹이 잘 날까? 걱정스레 씨앗을 들여다보자니 오래 전에 겪었던 실수 하나가 떠오른다. 이른 봄에 수박이며 참외씨앗을 화분에 넣고 비닐을 씌워두었다가 잎이 대여섯 개 얼크러질 때쯤 산비탈 여기저기 옮겨 심으면 여름에 맛있는 간식거리가 주렁주렁 매달렸다. 시장에서 사온 것만큼 인물은 좋지 않으나 손님이 오실 때나 시장기가 도는 오후에 참외며 수박을 찾아 풀숲을 헤치는 기분은 보물찾기 나서는 아이처럼 가슴이 두근거렸다. 아직 풋내 나고 속이 허연 수박을 잘라놓고 땀을 식히는 순간은 더없이 즐거웠다.

어느 해인가 식구들이 일 나간 사이, 수박모종의 비닐덮개를 열고 물을 주다보니 얼른 머릿속을 스치는 게 있었다. 좀더 빨리 자라게 하는 방법은 없을까? 앞뒷집들은 다들 옮겨 심었는데 우리는 잎이 겨우 서너 개 밖에 달리지 않았다. 나는 얼른 비료 한주먹을 물뿌리개 속에 집어넣었다. 밤 지내면 잎이 두 개쯤 한꺼번에 튀어나오겠지, 식구들이 보면 깜짝 놀라게 될 거야. 밤새 다 자라서 곧 옮겨 심으려니 했던 기대는 사흘 만에 무너졌다. 비료만 주면 마냥 자라는 줄 알았던 나의 무지가 한창 뻗어나가던 수박이며 참외 순을 말라비틀어지게 만들었다. 여름 한철 간식거리를 잃은 것도 그렇지만 어린 싹을 생죽음시킨 것이 두고두고 마음에 걸렸다. 겨우 새댁의 딱지도 떼기 전에 식구들의 웃음거리가 되었던 사건이다.

그러나 해바라기라면 자신이 있다. 바로 그해 30평 넘게 해바라기를 심었던 경험이 있다. 6월도 한창인 때에 면 직원 한 분이 해바라기 씨앗을 가지고 왔다. 산비탈 아무데서나 잘 자라는 해바라기를 심어 비싼 참기름 대신 식용유로 쓰도록 정부에서 권장한다고 했다. 철도 늦은데다 돈이 되는 것도 아니라서 마을사람들이 사양하는 바람에 농작물이 주업이 아닌 우리 집까지 밀려온 것이다. 마을을 벗어나 20여분 걸리는 골짜기 중간쯤에 묵혀둔 밭 두 다랑이 있는데 그 중의 하나를 써도 좋다는 어른들의 허락이 내렸다. 공짜로 들어온 씨앗에다, 묵혀둔 밭에, 병아리 농사꾼이라, 실패를 하더라도 아무것도 손해 볼 것 없는 그야말로 부담 없는 농사였다. 수박농사를 실패한 체신을 만회할 수 있는 절호의 기회가 아닌가.

대낮에도 인적이 드문 산속이라 심어놓고 두 번째 갔을 때는 키가 무릎만큼 자라 있었다. 거름 한줌 비료 하나 안 줬는데 잘도 자랐다. 8월 복더위에 문득 생각나서 산으로 달려갔다. 이 더위에 말라죽지나 않았을까? 골짜기 입구에 이르니 샛노란 크레파스로 짓이겨놓은 한 폭의 풍경화가 산중턱에 걸려있었다. 장대 같은 꽃대에 달덩이처럼 매달린 해바라기들은 파란하늘과 흰 구름을 배경 삼아 화려한 잔치를 베풀고 있었다. 누가 권력에 아부하는 무리를 해바라기에 비유했던가? 해바라기가 정말 해를 따라 도는지 꽃그늘 아래서 한나절을 지켜보았다. 아무리 들여다보아도 고갯짓은 표 나지 않는데, 아침에 동쪽을 보던 꽃이 저녁이면 서쪽을 향하고 있었다.

꽃은 이상한 힘으로 시름을 빨아들였다. 하늘은 바다가 되기도 하고 구름은 그리운 사람들의 얼굴이 되기도 하였다. 더위가 물러가고 네 번째 그곳을 찾았을 때는 들쥐란 놈들이 씨앗을 다 파먹고 마른 꽃대 부대끼는 소리만이 스산하게 들려 왈칵 무서움이 밀려왔다. 내가 신기루를 보았을까? 소중한 보석처럼 가슴속에는 언제나 해바라기 밭이 출렁거린다.

왔으면 하고 기다리던 비가 또 촉촉이 내린다. 학교 앞에서 꽃삽을 판다기에 아이에게 부탁했더니 아이는 꽃삽을 사왔다. 정다운 이의 목소리처럼 도란거리는 봄비를 맞으며 모종을 했다. 꽃대의 키가 크고 실팍하니 간격을 넓게 맞추어야지. 이 해바라기를 세세 연 년 심어서 딸아이가 시집갈 때, 어머니가 내게 했듯이 나도 그 애에게 한 주먹 들려 보낼 것이다. 딸은 꽃을 가꾸면서 어미의 마음을 느끼게 되겠지. 벌써 마당 가득히 해바라기 꽃의 물결이 보인다. 그 속에는 어머니 얼굴도 어른거린다.

방촌 할아버지와 이웃집 아저씨

바람이 불면 처마 끝의 작은 풍경이 댕그랑 댕그랑… 바람의 흔적을 전할 뿐 간간이 아기돼지 울음소리만이 들려오는 '보연당(나의 거처)'에도 뜨거운 선거바람이 불어 닥쳤다. 남편이 축협조합장 4선에 도전하게 된 것이다. 4선 도전이라니! 아무리 명분이 그럴듯하다 해도 장기집권은 바람직하지 않다. 물러날 때를 아는 것이 인간의 도리다. 한 자리를 자그마치 12년이나 지켰으니 지금이 곧 물러날 때가 아닌가. 아니, 때늦은 감이 있다. 물러나서 이제는 자신의 사업을 돌보며 인생을 정리할 나이다. 이렇게 뜻을 굳히고서 퇴진의사를 발표하고…. 그랬던 것이 엊그젠데 어찌 어찌 소신을 번복하고 급기야 출마선언을 하기에 이르렀다. 출마를 결심하기 직전의 상황은 12년 전과 꼭 같았다.

나이 드신 임원들이 찾아와서 밤늦은 시각까지 '출마수락'을 종용했다. 출마를 수락해야하는 사람이 입후 보당사자가 아니라 그의 아내 되는 '나' 인 게 뜻밖이었다. 12년 전에는 어른들이 살아계셨으므로 나야 들러리에 지나지 않았는데 이번에는 전적으로 내 차지가 되었다.

야밤에 안방으로 찾아온 이들 앞에서 수락연설을 하는 나의 심정은 영광스러우면서 동시에 씁쓸하고 착잡했다. 솔직히 말하자면 '남편포기각서'를 쓰는 심정과도 같은 것이었다. 조합장이 되는 것은 가정을 포기하는 일이며, 모든 재산과 명예를 담보하는 무한책임의 자리임을 알기 때문이다. 가장이 가정에 소홀한 것쯤에야 나는 웬만큼 적응이 잘 돼있는 편이다. 결혼 이후로 줄곧 사회활동이 본업이었던 남편에게서 일찌감치 '홀로 서기' 훈련을 해두었던 터이다. 황씨 가문에 발 들여놓은지 어언 30여 년, 아내 된 사람으로서 남편한테서 가장 많이 들었던 말은 '모른다'라는 말이다.

남편은 가스렌지를 켤 줄도 모르고, 보일러를 켤 줄도 모른다. 부엌에서 국이 끓는지 장이 끓는지도 모르고, 마당이 풀밭인지 쑥밭인지도 모르며, 천정에서 비가 새는지 전기가 새는지도 모른다. 자기 아내의 나이도 모르고 아마 자신의 나이도 모를지 모른다. 모르는 게 너무 많은 남편에게 나는 '이웃집 아저씨'라는 별명을 지어주었다. 이웃집 아저씨, 내가 지어놓고 봐도 참 잘 어울리는 별명이었다. 이웃집 아저씨가 밤낮

없이 출장을 다닌다고 뭐 그리 서운할 일이며, 이웃집 아저씨가 내 생일을 모른다고 해서 무슨 트집거리가 되겠는가.

그럼 도대체 아는 게 뭐냐고 물었더니 '축협畜協'이라고 대답해서 마지못해 웃었다. '축'의 한자풀이는 밭을 기름지게 한다는 뜻이고, '협'은 사람들이 힘을 합한다는 뜻이란다. 지난 해였나. 순천축협이 전국최우수조합이라고 신문에 대문짝만하게 나왔던 걸 보면 축협을 알긴 아는 모양이다. 다만 안사람으로서 걱정이 있다면, 임기 중에 수감되거나 불명예 제대한 전임 조합장들의 행적이 보여주듯 잘 해야 본전이니 결코 만만하게 보아 넘길 자리가 아닌 까닭이다.

어렵게 입후보 수락을 했지만 갈 길은 첩첩산중이다. 이미 경쟁자가 출마선언을 한 상황이어서 선거를 치르는 일이 불가피하게 되었다. 선거란 나선 이상 이겨야 하고 뚜껑을 열어보지 않는 한 그 누구도 결과를 장담할 수 없다. 나는 이번 선거에서 내가 할 일이 무엇인지 곰곰이 생각해보았다. 평소에 일면식도 없는 사람이 어느 날 불쑥 전화를 걸어 '한 표 부탁한다'거나 음료수나 금일봉을 들고 누구네 안사람입네 하고 가가호호 방문하는 일은 애초에 생각해보지 않았다. 우선 경비를 아껴야 한다는 일념에 우리 집을 선거사무실로 정하고 차 끓이기와 식사준비 등등 주방장의 소임을 맡기로 했다. 선거운동원들 재우고 먹이는 비용이 많이 든다는 이야기를 들었기 때문이다.

마침 선거총책은 남편의 고등학교 때 짝꿍이어서 선거사무실의 분위기는 시종일관 우정 어린 화제들로 웃음꽃이 끊이질 않았다. 평소에 남편친구들과 대면할 기회가 없었던 나로서는 잠깐이나마 사나이들의 우정을 엿볼 수 있는 좋은 기회가 되어 주었다. 또 현장에서 올라오는 따끈따끈한 선거전의 뒷얘기를 얻어듣는 재미도 톡톡했다. 예전에는 선거운동원들이 고무신이나 빨래비누, 수건 등을 들고 가가호호 방문하던 일을 지금은 앉은 자리에서 휴대전화로 소통하고 문자메시지를 이용하니 분초를 다투는 뉴스들이 실시간으로 전달된다.

나의 주방장 소임은 평소에 남편에게 진 빚을 갚는 절호의 기회가 되었다. 생각해보면 나 역시 남편에게 알게 모르게 진 빚이 많을 것이다. 모래알 같이 많고 많은 사람 중에 어쩌다 부부로 만나 긴 세월 지지고 볶으며 쓴 소리 매운 소리, 복장 터지는 일도 많았을 것이다. 이번 기회에 부지런히 밥하고 차 끓여 바치며 그 빚 갚으려는 것이다. 그 빚 다 갚지 못 하면 다음 생에 또 부부로 만난다지 않은가.

일이 늘어나서 고생스럽다기보다 나는 축제를 치르는 기분으로 밥상을 차리고 차를 끓였다. 변변찮은 음식솜씨는 내 갸륵한 정성으로 채워지리라 위로를 하면서. 내가 진심에서 우러나 희희낙락 차를 끓이고 설거지를 하고 시장을 봐 나르자 남편은 “각시가 선거에 재미 붙였나?” 하고 의아한 표정을 짓는다. 재미 붙일 일이 따로 있지, 난 선거 같은 데는 나서지 말라고 자식한테 유언을 남길 참이다.

'민주주의의 꽃'이라는 선거는 꽃이 아니라 '진창 속의 혈투'라는 말이 어울릴 것 같다. 돈과 시간, 비방과 음해, 파벌조장 등등… 온갖 물질과 정신이 부정적인 방향으로 동원되는 악행이며 소모전일 뿐이다. 선거란 '삼대 족보를 판다'는 말이 있다. 산 사람을 절단 내는 것으로 모자라 지하에 묻힌 조상이나 사돈네 팔촌까지 파헤쳐 욕 먹이는 진탕이다. 그런 진창 속을 한 번도 모자라 두 번씩이나(두 번은 추대됐으니) 빠져드는 것이 무슨 업보처럼 생각되었다.

투표일이 가까워지면서 드디어 아군 진영에도 선거자금을 요청하는 '건의'가 올라왔다.

"실탄 없이 어떻게 총을 쏘라는 겁니까?"

"윤활유 없이 차가 움직일 수 있나요?"

실탄이나 윤활유는 선거 판에서 '돈'을 지칭하는 은어임을 나는 눈치로 알게 되었다. '조합을 살려야한다'던 핵심 멤버가 돈을 미끼로 이반離反을 도모하고 있는 모양이다.

'너 아무리 개뿔 난 재주를 지녔어도 돈 없이 어떻게 선거를 하겠다는 거냐? 떨어져 망신당하기 전에 돈 보따리를 풀어라….'

이런 목조르기 수법임이 뻔하다. 수많은 식구들이 불철주야 농장에서 고생해서 번 돈이다. 돈을 함부로 쓰는 것은 돼지를 모독하는 일이며 농장에서 수고하는 직원들을 모독하는 일이며 동시에 돈을 모독하는 일이다……. 나는 나서서 딱딱거리지는 못하고 투명인간처럼 혼자 중얼거리며 속앓이를 했다.

투표일 전날 저녁, 선거사무실의 해단식이 있었다. 그동안 수고했던 분들이 모여 나름대로 예상결과를 분석하고, 서로의 노고를 치하하고, 좋은 결과 있기를 바라며 덕담을 나누었다. 결과에 연연하지 않고 밥이며 차며 인사치레며 듬뿍듬뿍 퍼주었던 주방장의 소임이 끝난다니 왠지 조금 시원섭섭했다.

투표당일 새벽, 남편은 시할머니와 시부모님 영전에 절하고 집을 나섰다. 시할머니는 생전에 맏손자에게 '방촌 할아버지'의 이야기를 자장가처럼 들려주신 분이다. 할머니 돌아가신 뒤에는 시아버님께서 방촌 할아버지의 이야기를 이어 받았다. 나도 결혼 후에 시아버님으로부터 방촌 할아버지의 이야기를 자주 들었다. '방촌'은 〈황 희〉 정승의 '호'이며, 황 희 정승은 장수 황씨의 시조다. 평생을 관직에 있으면서 원만한 인품과 청렴결백으로 모든 백성들의 존경을 받았으며 특히 세종의 신임 받는 재상으로 명성이 높았다고 한다.

시아버님께서는 가족들이 밥상 앞에 앉는 시간이면 아예 5-10분씩 훈계의 시간을 가졌는데 '정직한 사람이 되어라. 근검절약하여라. 부모님께 효도하라'는 등의 훈계 끝에 으레 방촌 할아버지의 이야기가 따라 붙곤 했다.

"야들아, 너희 방촌 할아버지께서는 소낙비가 쏟아져서 멍석의 곡식들이 떠내려 가도 책에서 눈을 떼지 않았단다. 너그들도 방촌 할아버지처럼 제발 공부 좀 해봐라 와….”

한번 시작하면 시간 가는 줄 모르고 꼬리에 꼬리를 무는 이야기 때문에 식어버린 찌개냄비를 두세 번씩 다시 데워 날라야 했던 때가 엊그제 같다. 나는 방촌 할아버지의 이야기를 들을 때마다 궁금한 것이 따로 있었다. 방촌 할머니는 당신의 남편을 어떻게 생각했을까? 소낙비에 다 지은 곡식이 떠내려가도 나 몰라라 글 읽기에 열중했던 재상 남편 덕분에 방촌 할머니의 고초는 남달랐을 것이다.

아침 열 시에 투표장으로 갔다. 투표장 분위기는 아직 썰렁했다. 유권자들이 천 명 가량인데 대부분이 축산을 하고 있으므로 소젖도 짜야 하고, 돼지사료 주고, 축사청소 끝내고 나오려면 점심 때는 지나야 할 것이다. 상대후보는 부부가 나란히 서서 유권자들에게 허리 굽혀 인사를 하고 있었다. 나는 그들한테 가서 “안녕하세요? 수고 많으십니다.” 라고 인사하고는 재빨리 집으로 돌아왔다. 어제 호형호제하던 사이가 오늘은 표 싸움의 경쟁을 하고 있는 것이 보기에도 민망하고 어색했다. 집에 오는 길로 창문을 활짝 열어놓고 집안청소를 했다. 집안 구석구석 밴 담배냄새와 전화선을 타고 오갔을 나쁜 말 나쁜 생각들을 털어내고 맑은 공기를 맞아들였다.

땡! 투표 종료시간이 끝나기 무섭게 당선여부를 알아보려는 친지들의 전화가 빗발쳤다. 개중에는

“안사람의 내조가 당락을 결정하는데! 안사람이 손을 잡아

주면 투표소 들어가는 동안에 마음이 바뀐다는데….” 어쩌자고 남편을 홀아비처럼 내버려뒀냐고 호통 치는 전화도 있었다. 대답이 궁색해진 나는

“안사람의 내조란 집 잘 보는 것 아닙니까. 안팎으로 나서면 돼지는 누가 키워요?”

하고 퉁명스럽게 대꾸했다. 떵떵 큰소리치긴 했지만 잘못 되는 날엔 ‘마누라 탓’이라고 원망 들을까봐 투표장에 나가서 고분고분 손이라도 잡아줄 걸 그랬나? 약간 고민되었다.

다행히 남편은 당분간 ‘이웃집 아저씨’ 노릇을 더 해야 될 것 같다. 나야 소낙비에 떠내려갈 곡식 대신 진사난골(우리 농장 골짜기 이름)에 쩌렁쩌렁 돈豚소리 울려 퍼지니 방촌 할머니보다야 천배 만 배 다행스러운 처지가 아니냐. 이왕 내친 걸음 부디 방촌 할아버지의 인품을 본받아 조합장의 임기를 무사히 마쳐주기만을 바랄 뿐이다.

큰 손 작은 손

버들잎 한 장에 사랑과 지혜를 담아낼 줄 알았던 여인.

물 한 모금 청하는 나그네에게 버들잎 띄워서 건넸다던 옛날이야기가 자주 생각나는 요즘이다. '큰 손'이라는 단어가 심심찮게 매스컴에 오르내리면서부터다. 매스컴뿐만 아니라 사소한 자리에서도 '큰 손'은 화제의 주인공이 된다.

"돈이 최고인 세상에 독야청청할 것 있느냐, 못하는 게 바보지."

비난의 표적인지 선망의 대상인지 분간이 애매해질 때가 더러 있다. 지하경제를 떡 주무르듯 한다는 얼굴 없는 여자의 대명사라는 큰 손. 손의 크기로 친다면 남자의 손이 훨씬 크고 억셀 텐데 보드랍고 고운 여자의 손을 유독 큰 손이라고 이름붙인 것은 풍자성이 짙은 비유임에 틀림없다. 아파트 투기 붐을 타고 등장했던 여자들의 떼돈벌이 행진은 부동산, 그림, 골동품에 이르다가 요즘은 양파 밭, 마늘밭에까지 진출했다는 소식이다. 그림이며 골동품이 투기의 대상이 되었다는 대목에서는 예술적 안목이 전혀 없는 보통사람의 열등감을 조금 자극하는 것으로 넘어갈 수도 있었다. 기천만 원 짜리 그림 몇 장을 걸어 놓는다고 밥이 나오는 것도 아니고, 그것을 쳐다본다고 배가 불러지는 것도 아니라는 것쯤 너무 뻔한 사실 아닌가. 우리네 서민의 의식주와 직접 관련도 없을뿐더러 진품인지 가짜인지 식별능력조차 없는 사람들의 입장에서야 그런 것들이 억대로 거래된다고 해서 무슨 대수인가.

작년 재작년 김장철에는 사재기 좋아하는 큰손 덕분에 금쪽 같은 마늘을 먹어야했다. 한 주먹에 오백 원, 천 원 하며 어깨춤을 추는 마늘 값으로 추운 겨울이 더욱 으스스했다. 도대체 한 끼닌들 마늘을 다지지 않고 반찬장만이 되던가? 시할머니 시어머니로 내려오면서 양념은 제철에 1년 치를 비축하는 것이 집안행사로 굳어졌다. 1년을 두고 먹자면 알도 야물고 건조된 것이어야 한다는 것쯤 살림하는 여자라면 모를 리가 없다. 초장에는 싸던 마늘 값이 갈수록 치솟았다. 오늘내일 값 떨어지기를 기다리다가 마늘 한 접 덥석 못 사고 때를 놓치고 말았다.

"저 칠칠치 못한 것, 살림을 한두 해 해 봤냐."

혀를 끌끌 차는 시어머니의 눈총이 가시가 되어 박힌다. 밭떼기로 싸게 넘겨준 덕순 어매도 마늘기근이 들기는 마찬가지다. 이제나 저제나 값 내리기를 기다리던 마늘은 농약에 절여진 채 보관창고에서 겨울잠을 자고 있었단다. 마늘 한 톨 찧을 때마다 심장을 콩콩 찧는 기분이었다.

몇 해 전의 이야기다. 돈사 한 동을 짓느라 무더위에 땀으로 목욕하며 제 때에 밥도 못 챙겨 먹던 시절이 있었다. 시골친척집이라며 가족을 데리고 바캉스 온 서울 사는 친척 한분은 이렇게 말씀하셨다.

"애, 너 형수 말이다. 이사 몇 번 하더니 사백만원 전세방이 40평 아파트로 둔갑했지 뭐냐. 쉽게 사는 방법도 얼마든지 있는데 왜 이렇게 힘들게 사냐?"

식구들이 둘러앉은 밥상머리에서 남편을 향해 열변을 토하던 친척의 이 말은 "야, 무능한 니 여편네 갈아 치워라."는 말로 내 귀에 들렸다. 축재에 날렵한 큰 손도 못 되고 현모양처의 섬섬옥수는 더더욱 아닌 못 생긴 내 손이 한없이 원망스러웠다.

여자에게 손은 어떤 의미를 지니는 걸까? 급히 마시는 물에 체할세라 나그네의 건강까지 염려했던 한 여인의 버들잎 따던 손은, 일세를 주름잡던 맹장의 가슴에 사랑의 불길을 댕기고도 남았음직하다. 어둠 속에서 아들과 떡 썰기를 겨뤘던 석봉어머니의 손은 어땠을까? 평생을 떡 장사로 지냈으니 칼자국 투성이일 게 분명하다. 절제된 모성애로 자식을 한 시대의 서예가로 대성시킨 한국 어머니의 자랑스러운 손이다.

열 오른 이마를 만져주면 씻은 듯이 낫곤 하던 어머니의 마른 장작 갈던 손이 떠오른다. 설빔으로 지어주신 자주색 명주 저고리를 입었을 때, 날듯이 행복했던 열두 살 적의 기억을 나는 지금도 보석처럼 간직하고 있다. "시부모님 잘 모셔라." 당부하시던 그 음성, 마디 굵은 손이 못 견디게 그리운 요즘이다.

박새의 죽음

흙집의 쪽마루에 앉아 무심코 밖을 응시하노라면 늘 같은 풍경 하나가 눈에 들어온다. 앞 건물의 유리창에 새 한 마리가 날아오르는 풍경이다. 새는 투명한 유리창을 의식하지 못하는지 수직의 유리벽을 하루에도 수십 번 날아오르기를 계속한다. 다갈색 몸통에 검정 머리, 목에는 흰색 줄을 둘렀다. 몸길이는 10센티미터쯤. 작고 예쁜 새다. 이름이 뭘까? 혹 늦은 밤과 이른 새벽에 귀기鬼氣스럽게 울어대는 그 새일까?

마당에 날아드는 여러 마리의 새 중에서 유독 한 놈이, 매일 아침 어리석은 날갯짓을 되풀이한다. 유리창의 높이는 1미터. 주르륵 미끄러지던 새는 창틀에서 간신히 몸을 추스르고는 이내 비상을 시도한다. 미끄러지면 다시 오르고 또 미끄러지고…. 반복되는 몸짓이 마치 바위덩이를 밀어 올리는 '시지포

스의 신화'를 연상시킨다. 기진맥진한 날갯짓은 슬로비디오가 돌아가듯 속도가 줄어든다. 지쳐 포기할 때도 되었을 것 같은데 이 처절한 몸짓은 멈출 줄 모른다. 새는 언제부터 이 짓을 시작했을까? 내가 목격한 것만 해도 벌써 여러 날 째다. 앞 못 보는 장님 새일까? 아니면 안팎을 구별하지 못하는 착시현상에 빠졌나? 말을 못 하니 안타깝고 답답하다.

저녁 무렵 부엌에서 식사준비를 하는데 바깥에서 수선스런 기척이 들린다. 나가보니 작은 새 두 마리가 바닥에 떨어져 파닥이고 있다. 아마도 부엌의 유리창에 부딪쳐 기절을 한 모양이다. 한 마리는 그새 체온이 식어버렸고, 한 마리는 간간이 몸을 떨고 있다. 앞 건물의 유리창을 날아오르던 녀석은 아니다. 이 녀석들은 조금 더 작은 몸집에 색깔은 회색과 청색이다. 아마도 박새인 것 같다. 두 녀석은 암수 아니면 친구 사이인 것 같다. 아니면 모자간일지도? 참으로 난감한 일이다. 어쩌자고 녀석들은 동반투신을 했을까?

나는 녀석들의 사인死因을 짐작해본다. 유리창 내부의 물건들에 매료되었나? 유리창에 얼굴을 대고 내부를 찬찬히 살펴본다. 그림 속의 나무등걸에 새가 날아들었다는 옛 이야기는 들었지만, 보이는 것이라곤 부엌살림 몇 점이 전부다. 혹시 나르시시즘에 빠졌나? 아니면 단순한 사고사事故死인가? 치명상을 입고 떨어진 두 마리의 새를 조용한 곳에 데려다 놓았다. 아직 숨이 붙어있는 한 마리는 깨어날지도 모른다는 기대감을 안고서.

다음 날 아침 새의 안부가 궁금해서 가보았더니 한 마리는 보이지 않고 한 마리는 죽은 채 그 자리에 있다. 사라진 한 마리는 살아서 날아갔을까? 아니면 야생고양이의 밥이 되었을까? 나는 형사 콜롬보처럼 추리에 추리를 거듭한다.

오늘도 그 새는 유리벽에서 추락과 비상을 반복한다. 한 30분쯤 그 짓을 계속하다가 어디론가 사라진다. 앞 건물은 우리 농장의 사무실이다. 나는 사무실 유리창을 유심히 살펴보았다. 창틀엔 새의 배설물이 덕지덕지 말라붙어, 날아오르던 순간의 힘겨움을 대변해주고 있다. 왜? 무엇 때문에 새는 안간힘을 다해 오르려고 했을까? 무엇이 그를 그토록 빠져들게 했을까? 나는 새의 눈이 되어 유리창을 오르내리며 꼼꼼히 살펴보았다.

그렇다면 혹시 이것 때문이었을까? 유리창 속에는 내 눈을 의심할 만큼 신기루 같은 절경이 펼쳐져 있었다. 나는 넋을 잃고 유리창을 들여다보았다. 수려한 은행나무와 멋지게 뻗어나간 감나무, 옹기종기 모여 앉은 장독대, 앞집의 대숲, 푸른 하늘, 그 하늘에 떠있는 구름 몇 조각, 마당의 온갖 풍경들이 실물보다 아름다운 모습으로 펼쳐져 있었다. 유리창은 안에서는 바깥이 보이지만 밖에서는 내부가 보이지 않는 반사유리다. 내부가 보이지 않는 대신 실재하는 풍경이 통째로 비쳐지는 반사유리. 새는 유리창 속의 경치에 매혹되었을까? 다른 새들이 실재하는 나뭇가지에 앉아 즐겁게 지저귀며 먹이를 구하고 짝을 찾는데 왜 그는 한사코 앉을 수 없는 나뭇가지를 고집하는 것일까? 이상주의자 새?

새는 어디에서 어떻게 죽을까 궁금했는데 마당의 꽃나무 사이엔 새의 시체들이 간혹 보이고 창 아래에 떨어져 죽은 새도 있다. 새의 주검은 며칠 비바람에 너덜거리다가 곧 해체되어 흙으로 돌아간다. 풍장이다. 나도 저 새들처럼 홀가분하게 사라질 수 있을까? 지금 유리창 속에는 달맞이꽃과 나무 백일홍이 하늘거리고 그 위를 가을비가 내리고 있다. 매혹적이다.

팔자타령

평소에 가깝게 지내는 부부 몇 쌍이 있다. 어느 날 우리는 같은 차를 타고 교외를 달릴 기회가 있었다. 논밭을 지나고 울창한 삼림을 지나니 초록 양탄자를 깔아놓은 듯 잘 손질된 넓은 잔디밭이 나왔다. '돼지방목장을 만들면 좋겠구나.' 하고 생각하고 있는데 "골프 치기에 멋진 장소야!" 하고 옆자리의 부인이 소리쳤다. 30수 년 지기인 내 친구 하나는 전화할 때마다 빼놓지 않고 당부하는 말이 있다.

"더 늙기 전에 골프 배워라. 이것저것 다 해봐도 골프만큼 좋은 운동이 없더라. 우리가 이 나이에 갈 만한 마땅한 장소가 어디 있니. 다음부터는 필드에서 만나자. 지금 당장 시작해."

10분이고 20분이고 시간에 구애받지 않고 장거리 전화통에 다 대고 늘어놓는 우정어린 친구의 권유는 자못 감동적이기까지 하다. 동남아로 제주도로 주로 비행기 타고 골프 치러 다니는 그 친구의 주장이 아니더라도 주위에서 귀 따갑게 골프예찬론을 들어 왔다. 세태 따라 우정의 본질도 변하는 것인지 이러다간 친구 하나 잃게 생겼구나 싶기도 하고, 너도나도 다 한다는 고급운동을 짐짓 외면하고 사는 게 시대에 뒤떨어지는 것은 아닌지 염려스러워 "저렇게 좋다는 골프 나도 좀 배웁시다."하고 슬쩍 남편의 의향을 떠보았다.

"돼지 키우는 남편을 둔 아내로서의 분수를 잊지 않도록."

남편의 대답은 간단했다. 꾸며댄 내 진지한 표정에 깜빡 넘어간 남편 역시 잔뜩 긴장된 목소리로 근래에 보기 드문 진지한 대답을 해주었다. 도대체 돼지 키우는 남편을 둔 아내의 분수라는 게 어떤 것인지, 말꼬리를 잡고 늘어져볼까 하다가 엉뚱한 방향으로 언쟁이 발전할 것 같아서 나는 입을 다물고 말았다. 우리는 서로 골프에 대해서는 거의 관심이 없는 상태여서 논쟁을 벌일 일고의 가치도 없다고 생각했기 때문이다. 건강이나 사교 등을 전제로 하는 모든 운동이 그러하듯 개인의 취향이나 여건에 따라 선택되는 것이라고 믿기에, 골프가 되었건 배드민턴이 되었건 왈가왈부할 필요는 없다고 본다.

다만 남편의 대답 중 '분수'라는 단어를 유난히 강조했던 점이 심통을 건드려 치미는 울화를 잠재우느라 애를 먹었다. 수입개방에다, 구제역에다, 분뇨처리 문제에다 인력난 등등…. 산더미 같은 문제를 안고 회복의 기미도 없이 안개 속을 헤매고 있는 돼지 신세에다 내 분수를 맞추어야 한다니 어쩐지 나 자신이 한없이 초라해져서 정말로 돼지가 된 느낌이었다. 이럴 때 퍼뜩 떠오르는 위안의 얼굴이 있음은 얼마나 다행인가.

"하늘 볼 여가 없이 일을 해야 먹고 살 팔잔기라."

내 팔자를 한마디로 요약해준 바로 그 점쟁이의 얼굴이다. 나는 지금 남편이 운전하는 승용차를 타고 춘향이 고을로 유람을 가는 길이다. 보려고 마음만 먹으면 수백 번 하늘을 볼 수도 있다. 아무래도 타고난 팔자보다 과분하게 누리는 것 같아서 나는 오히려 불안해진다. 오래 전에 돼지농장 안주인의 역할이 힘들어서 방황하다가 점쟁이를 찾아갔던 날이 생각나서 나도 모르게 미소 짓는다. 치맛자락 끌며 얌전을 빼다거나 깨가 쏟아진다는 등의 상식적인 신혼시절이 아니라서 그 시절을 회상하면 객쩍은 자부심과 야릇한 향수를 느끼게 된다.

시집온 다음날로 작업복(몸뻬라 부르는)을 입고 부엌으로 돈사로 뛰었다. 색깔 고운 몸뻬 두 벌을 주요 혼숫감 1호로 챙겼던 이유를 지금도 알 수 없으나 아마도 타고난 팔자에 충실하려 했던 막연한 예감이 아니었을까 하고 미루어 짐작해 본다. 마당의 풀 한 포기를 그냥 봐 넘기지 못하는 시아버님의 근면성은 근동에 소문나 있다. 정확하게 새벽 다섯 시면 "그만 일어나라."와 동시에 똑똑 하고 방문에다 기상신호를 보내주셨다. 아침식사는 아홉 시 이후, 점심밥은 두세 시경, 저녁식사는 밤 아홉시 이후였다. 이즈음 저녁식사는 제삿밥으로 통했다. 우리는 제삿밥을 먹은 후에도 자정이 넘도록 일하는 날이 많았다. 내일은 좀 한가하겠지 하고 내일을 맞고 보면 그 내일 역시 일은 끝이 없었다. 그래서 '촌부자는 일부자'라는 말이 생겨났을까.

신문이며 TV는 무용지물이었다. 세상 돌아가는 형편과는 무관하게 우리는 일에 매달렸다. 애지중지하던 만삭의 어미돼지가 하루아침에 배가 쏙 꺼져버렸다. 새끼를 낳았으면 새끼라도 보여야 할 텐데 흔적조차 없다. 청소하려고 배수로 뚜껑을 열어보니 그 속에 열두 마리의 새끼가 죽어 있었다. 밤중에 어미 뱃속에서 나와 비틀거리고 다니다가 돈사바닥의 배수로에 들어가서 동사한 것이다. 시설이 미비하고 관리가 제대로 되지 않았던 초창기에 이런 사고는 흔히 생겼다.

내가 겪은 첫 번째의 양돈불황은 신혼시절과 겹쳤다. 일에 쫓기고 경제적인 압박에 시달리는 이중고에다 산 설고 낯설고 말까지 선, 삼 사오중고는 되었다. 참으로 염치없는 일은 요령부족으로 두 번이나 불을 냈던 사건이다. 부엌천장이 닿도록 땔감을 쌓아주는 시아버님의 수고에 역행해도 유분수지, 한 번도 아닌 두 번씩이나 불을 내다니. 차곡차곡 쌓인 나뭇단을 아래에서 힘껏 빼내다가 위의 것들이 와르르 내려앉으면서 아궁이의 불길을 덮쳐버렸다. 마을회관의 비상종이 울리고 사람들이 달려와서 펌프질한 양동이를 건네며 간신히 불길을 잡을 수 있었다. 한 해 겨울땔감과 집의 일부를 태운 것은 그나마

다행이었다. 바람의 방향을 따라 날름거리는 불길에 머리카락을 그을리는 것쯤은 그래도 참을 수 있었는데, 이거야말로 새댁의 명예에 관한 중대사였다. 고도의 기술을 요하는 정신노동도 아닌 사소한 육체노동에서조차 쉽게 숙련되지 못하고 실수의 연발이었다.

혹시 나는 길을 잘못 가고 있는 게 아닐까? 이건 동물적인 생존일 뿐이야. 내가 꿈꾸던 결혼생활은 더욱 아니잖아. 운명의 여신이 나 아닌 다른 사람의 운명과 내 것을 바꿔치기 한 게 틀림없어. 그렇다면 진짜 내 몫을 돌려받아야 해! 가족들에게는 적당한 핑계를 대고 여신의 행방을 찾아 나섰다. 내 태연함에도 불구하고 딸을 가진 엄마의 본능적인 육감은 나의 불편한 심기를 꿰뚫고 있었다.

"진해에 영험 있는 점쟁이가 있다더라. 전국 각지에서 어찌나 몰려드는지 식전에 가야 당일에 볼 수 있다더라. 특히 부적은 액땜의 효험이 뛰어나다더라."

덜컹거리는 첫차를 타고 새벽을 도와 달려가서 만난 사람은 신령스러운 미모의 여신상이 아니라 궁색스런 너구리 인상의 중년사내였다. 사내는 동전을 던지며 입심 좋게 중얼거렸으나 혀 짧은 발음으로 한마디도 알아들을 수가 없었다. 동전 한 닢의 앞뒷면으로 내 운명이 가름되다니, 진정 운명의 여신은 어디에 계시기에 그 모습이 보이지 않는가. 사기꾼 점쟁이, 네 코를 납작하게 해주려면 이 자리를 박차고 일어서야 해. 내가 막 일어서려는 순간, 귀가 번쩍하고 천둥번개 치는 소리가 들렸다.

"니는 말이다. 하늘 볼 여가 없이 일을 해야 먹고 살 팔잔기라. 그게 니 팔잔데 피해갈 방법이 없어."

유난히 춥던 겨울아침에 일착으로 달려온 새파란 아낙의 촌티 나는 행색에서 권태와 게으름을 눈치로 때려잡은 점쟁이는 마지막 흥정을 제의했다.

"거액의 부적이 네 팔자의 무게를 조금은 가볍게 해주리라"

그러나 나 역시 너구리의 잔꾀에 호락호락 넘어갈 수는 없었다. 부적의 효험 따위를 믿지 않고 당당하게 점쟁이의 앞을 걸어 나오는 것이 내 마지막 자존심이었다.

절망에도 바닥이 있는 것일까? 절망의 끝에서 내가 발견한 것은 현실을 부정하는 나의 오만이었다. 내가 받들어야 할 나의 현실은 무엇인가? 이상하게도 발길은 가벼웠고 마음은 편안해졌다. 사람이 붐비는 국제시장 옷가게에서 다시 작업복 두 벌을 사들고 아무 일 없었던 것처럼 귀가하였다. 해가 뜨는지 별이 뜨는지 하늘을 볼 필요는 없었다. 내가 보지 않아도 해와 별은 어김없이 뜰 것이고 세월은 정확하게 흘러갈 것이기에.

10년이면 강산이 변한다는 이 말은 만고불변의 진리다. 10년까지 갈 것도 없이 많은 것은 변했다. 고구마를 지어먹던 자갈밭은 돼지호텔로 변했고, 둘이 비켜가기에 비좁던 비탈길은 대형트럭이 씽씽 달리는 시멘트 포장도로로 변했다. 나뭇단을 잘못 만져 불을 낼 일도 없고 남아도는 시간에는 내가 가고 싶은 곳에 갈 수도 있다. 내가 좋아하는 음악을 골라 듣고 향기 좋은 재스민차도 마신다. 어떤 유혹에도 흔들리지 않는다는 불혹의 40대. 이 말을 역으로 풀어보면 40대는 그만큼 유혹이 많다는 말이 된다. 그래서 공자님께서도 특별히 불혹 불혹하면서 유혹을 경계하지 않았을까. 향락과 안일과 탐욕 등등 우리를 유혹하는 것들이 너무 많다.

그 불혹의 나이인 마흔 하고도 십여 년을 더 산 내 책상 위에는 '자신이 자기의 존재과정을 결정한다'라는 말이 붉은 사인펜으로 쓰여 있다. 요즘 읽은 책 속에서 찾아낸 구절이다. 줄줄 외워서 마음속에 비밀스럽게 담아두려 했는데 이 짧은 구절조차 외워 내지 못하는 나쁜 기억력 때문에 큰 글씨로 써 붙여두었다. 같은 뜻의 우리말 속담에 '제 팔자 제가 만든다'라는 말이 있다. 글을 쓰는 것이 돼지 키우기보다 몇 십 배는 어렵게 느껴진다. 원고지 20여 장의 이 글을 쓰느라 50장 넘게 파지를 냈다. 되지 않은 글인 줄 알면서도 끝까지 포기하지 않는 것은 혹시 이것도 내 팔자가 아닐까 하는 마음에서다.

그러기 위해서 하늘을 못 본다한들 또 어떠리.

파리를 위한 명상

아들아이가 초등학교 상급반이었을 때 두세 살 아래의 제 사촌들과 '자기고장 자랑하기' 놀이하는 것을 본 적이 있다. 우리 집 아이는 순 순천 토박이이고 제 사촌들은 순 서울 토박이이다. 그러니 우리 아이는 순천자랑을 했고 제 사촌들은 서울 자랑을 했다. 승주군이 순천시에 편입되기 한참 전의 일이니까 순천시가 아닌 승주군의 자랑을 한 셈이다. 교통량이나 인구밀도 면에서 세계에서도 첫째가는 서울과 시골 중에서도 후진 시골의 대결이라, 어찌 보면 문명과 원시의 대결일 수도 있고 어찌 보면 일등과 꼴찌의 대결일 수도 있겠다.

아이들은 서로 자기고장에 대한 자부심이 대단해서 분위기는 긴장감마저 돌았다. 아이들의 눈에 비친 서울과 시골의 자랑거리란 과연 무엇일지 지켜보는 어른들도 긴장되기는 마찬

가지였다. 먼저 서울토박이가 서울자랑을 시작했다.

"형네 마을엔 63빌딩 있어? 아이맥스 영화관 있어?"

"없다."

"그럼 형네 마을엔 어린이 대공원 있어? 동물원 있어? 서울랜드 있어?"

"없다"

형네 마을엔 고가도로 있어? 지하철 있어…? 서울자랑은 끝이 없었다. 대답이라곤 '없다'로 일관하던 시골형의 반격이 시작되었다.

"그런 너희 서울엔 논 있냐? 밭 있냐? 메뚜기 있냐? 서울엔 돼지 없지? 풀도 없지? 파리모기도 없지…?"

자랑거리 숫자에서 열세에 밀리던 시골 형이 파리모기를 내세우는 바람에 놀이는 중단되었다. "파리 모기 많은 게 무슨 자랑이야?" 하고 서울아이들이 제동을 걸었기 때문이다.

내 아이의 자랑거리 서열에 한 자리를 차지할 만큼 시골에는 파리가 많다. 밤하늘에 반짝이는 별의 숫자보다 많고 황하의 모래알보다 많을 것이다. 올해는 유난히 파리가 극성이라는 소식이다. 생태계의 어떤 조건이 파리한테 유리했거나 초특급 극약처방에 내성을 가진 강력한 파리가 등장했을 수도 있다. 가까운 곳에 제법 손바닥만한 지하도가 생기고 대형백화점도 생겨나고 문화시설이 하나 둘 등장하고 있는 요즘도 이 불청객은 조금도 사라질 기미가 없다. 정성 들여 마련한 음식에 허락도 없이 내려앉아 더러운 병원균을 중매하거나 잠자는 얼굴에 막무가내 달라붙어 고요를 방해하는 역할외엔 백해무익한 해충. 길가에 버려진 돌멩이 하나도 쓰일 곳 봐서 생겨났다는데 도대체 이로움이라고는 눈을 씻고 봐도 없다.

생전에 유대인을 대량학살 했던 〈히틀러〉는 죽어서 소나무 분재로 환생했다고 한다. 인간의 존엄성을 파리 목숨보다 더 하찮게 취급했던 대가로 철사 줄에 묶인 채 이리저리 강제로 배배 꼬이고 뒤틀린 소나무분재의 삶을 살아야하는 독재자!

그렇다면 파리는 전생에 어떤 삶을 살았던 인간일까? 돈과 권력에 눈먼 고관대작? 백성을 상대로 거짓말을 밥 먹듯 해댄 나랏님? 제 잘못을 참회하듯 잠시도 쉬지 않고 손발을 비벼대는 저 고단한 몸놀림이 예사롭지 않다. 무슨 악연의 업보이기에 보는 족족 때려잡으면서도 그 왕성한 번식력과 민첩성 그리고 끈질긴 생명력에 미움과 연민을 동시에 느낀다. 때려잡는 심정이 마냥 상쾌한 것은 아니기 때문이다. 어쨌든 살생은 살생이니까.

나처럼 파리채가 생활필수품인 어느 친지는 파리를 잡을 때마다 '발보리심' 하고 외친다. 내 비록 너의 해악을 참지 못해 오늘은 매를 들지만 부디 내생에서는 이로운 몸을 받으라는 축원이라고 한다. 나도 요즘 자주 그 친지의 흉내를 낸다. 파리 자랑을 서슴없이 늘어놓는 내 아이들처럼 나도 어느새 파리와 친숙한 사이가 되어버렸나?

평생 시골에서 축산업을 하다보니 파리에 얽힌 사연도 많다. 손님 특히 도회지 손님들은 파리를 호랑이보다 무서워한다. 그래서 도회지 손님이 오시는 날은 파리 많은 것이 내 잘못 같아 하릴없이 송구스럽고 죄인이 된 심정이다. 외부손님이야 하루 이틀 아니면 잠깐 쉬었다 가니까 그럭저럭 넘어갈 수도 있다. 문제는 우리 가족들이다.

큰아이를 키울 때의 일이다. 아이는 초가을에 태어났다. 파리는 철이 없어서 가을 겨울이라고 횡포가 줄어드는 것은 아니다. '가을파리 끓듯'이라는 말처럼 동네파리가 온통 갓 태어난 아이에게 엉겨 붙어 괴롭혔다. 그 무렵 햇병아리 어미의 최대 관심거리는 파리로부터 어린 것을 보호하는 일이었다. 파리 잡겠다고 갓난아이의 방에 파리약을 뿌릴 수도 없고, 지켜 앉아서 일일이 쫓아버릴 만큼 한가로운 처지도 아니기에 더욱 고민이었다.

아, 왜 진작 그 생각을 못 했을까? 어느 날 섬광처럼 뇌리를 스치는 것은 '아기모기장'이었다. 위장, 아래시장, 중앙시장 …. 골목골목 누비며 아기모기장을 찾았다. 영문을 모르는 가게주인들은 '아까운 나이에 쯧쯧…' 면전에 대놓고 혀를 찼다. 아침저녁 찬바람이 불고 있는 때에 아기모기장을 외치고 다니는 새파란 아낙이 정상으로 보일 리 없었나 보다.

그래도 나는 아기모기장 찾는 일을 포기하지 않았다. 내가 찾는 물건이 순천바닥에 없다는 것을 확인하자 부산의 친정에

도움을 청했다. 친정어머니는 부산 국제시장을 다 뒤져 아기 모기장을 구해 오셨다. 부산에서 구해온 앙증맞은 아기모기장은 아이들의 어린시절 생필품 1호였다. 값은 고하간에 철지난 모기장을 보관하고 있었던 얼굴도 모르는 가게주인에게 나는 얼마나 고마워했는지 모른다.

파리는 사람에게는 말할 것도 없고 소 돼지 닭 따위 가축에게도 초대받지 않은 손님이다. 방역비용의 상당부분이 파리모기 구충제대금으로 지출된다. 산란을 억제시키는 것, 유인제 등 파리퇴치를 위한 약제도 여러 종류가 있다. 재빠르게 파리약을 수입하여 일약 재벌이 된 사람도 있다. 백해무익한 파리라고 마냥 얕잡아 볼 일은 아니다.

KPX라는 이름의 구충제는 한번 뿌려두면 효과가 한 달씩 지속됐다. KPX가 한창 명성을 떨치던 시절에는 집안이나 축사에도 파리 한 마리 날아다니지 않았다. 벌써 이십여 년 전의 일인데도 그 날의 통쾌했던 약효는 지금도 향수를 불러일으킬 만큼 대단한 것이었다. 그러나 달이 차면 기울 듯 떵떵거리던 약효도 서너 해 못 가서 빛을 잃고 말았다. 파리란 놈이 내성이 생겼기 때문이다. 이젠 그것보다 훨씬 지독한 약이 나와야 파리를 이길 수 있게 되었다. 그래서 사람과 파리의 머리싸움은 오늘도 계속된다. 그 싸움이 종결되지 않는 한 파리를 향한 나의 명상 또한 멈추지 않을 것이다.

발음이 같은 이유인지 몰라도 파리, 하면 내 머릿속에 제일 먼저 떠오르는 것은 프랑스의 수도 〈파리〉다. 파리는 예술의 도시. 예술 중에서도 30대 여인을 상징하는 예술이란다. 30대라면 알맞게 성숙한, 여인으로서는 최고의 전성기에 해당된다. 그 대단한 도시가 불과 몇 세기 전에는 파리 떼와 악취로 들끓었다고 한다. 금세기 파리의 명물인 하수종말처리장과 쓰레기 소각장, 지하묘소, 그리고 여인들의 영원한 기호품인 '향수'가 다 그날의 파리와 악취를 박멸하려는 데서 출발했다고 하니 파리의 공헌도가 이 아니 비범한가? 그러니 오늘 우리를 괴롭히는 우리 집의 파리 또한 어떤 걸작품을 탄생시킬지 기대되는 바 클 수밖에. 발보리심!

안단테 칸타빌레

7년 간 애지중지 타던 차를 바꿨다. 10년을 채우기로 작심했던 차를 7년 되는 해에 바꾼 것은 차가 자주 말썽을 부렸기 때문이다. 말썽은 창문에서부터 시작되었다. 맑은 날씨에는 멀쩡하던 창문이 비가 오거나 흐릴라치면 제멋대로 작동이 멈추어버리는 것이었다. 유리창을 시작으로 차는 골병든 노인처럼 여기저기 아픈 곳이 불거지기 시작했다. 대물림은 못 하더라도 최소한 10년은 넘게 타야지, 차를 오래 타는 것도 돈 버는 일이다. 하면서 어떻게든 고쳐보려고 정비소를 드나들었지만 수리비며 시간낭비가 많아 새 차를 사지 않을 수 없었다.

타던 차를 바꾸는 일은 그리 달갑지만은 않다. 정든 친구나 애인을 바꿔치는 것처럼 썩 내키지 않을 때가 많다. 색깔이며 모양을 선택하는 일에서부터 금액이며 취향 등 따져볼 것이 한두 가지가 아니다. 그중에서도 고역인 것은 정붙이기가 쉽지 않다는 점이다. 옷이나 사람이나 가재도구나 쉽게 정들지 못하는 나로서는 차라고 예외일 수가 없다.

새 차의 이름은 '라비타'다. 겉모양이 자그마하고 수수하며 단단해 보이는 것이 무난한 인상이다. 그러나 내가 라비타를 선택한 속내는 그 무엇보다 이름이 마음에 들었기 때문이다. 라비타는 이태리어로 '삶이란' 뜻이라고 한다. 새 차가 도착한 지 이틀이 지나도록 나는 차를 타볼 엄두를 내지 못했다. 남의 차를 얻어 타거나 걷는 수고를 마다하지 않고 이삼 일을 보냈다. 차를 볼 때마다 함부로 할 수 없는 묵직한 것이 나를 압도하는 것이었다. 차는 내게 '삶이란 대체 뭘까요?' 라는 질문을 나직이 그러나 집요하게 던져왔다. 열쇠를 꽂는 순간에도, 신호대기를 하고 있을 때도, 무심히 달리고 있을 때도 차는 나에게 '삶'을 생각하게 했다. 그래서 나는 내 자신의 삶에 대해 한번 진지하게 생각해보기로 했다.

피카소가 자신의 예술세계를 '색깔'로 구분했듯이 나의 삶은 내가 탔던 자동차의 종류로 대변할 수 있다. 그동안 〈포터〉를 시작으로 〈픽업〉 〈프라이드 3도어〉 〈프라이드 5도어〉 〈세피아〉 〈악센트〉 그리고 〈라비타〉 까지 모두 7종에 이른다. 차의 이름만으로도 내 삶의 변천사를 대충 짐작할 수 있으니 우연치고는 참 재미있는 우연이다.

가장 기억에 남는 차는 처음 탔던 '포터'다. 첫 차에 얽힌 추억은 첫사랑의 기억만큼이나 감미롭고 강렬하다. '짐꾼'이라는 뜻의 포터는 1톤짜리 화물차다. 포터시절, 나의 삶 또한 짐꾼의 그것이었다. 적재함 가득 대가족의 먹을거리를 사 나르고, 방문하는 손님도 태워 나르고, 씨돼지를 구입해오는 등 짐꾼의 역할은 막중했다. 차가 귀했던 시절이라 비록 짐차였을망정 포터의 인기는 상한가였다. 시내 어디든 차를 세워도 단속에 걸리지 않았고, 중앙시장 한가운데 차를 세워놓고 시장을 보는 일도 거뜬했다. 엄지손가락을 치켜 보이는 시장 아주머니들의 환대며, 덤을 듬뿍 얹어주는 시장인심도 푸짐했고, 차례를 기다리는 곳에서는 남자기사들이 선뜻 앞자리를 양보해주었다. 관공서나 고급호텔에서 차를 차별대우한다는 말을 들었지만 나는 한번도 차별대우를 받은 적이 없다. 물론 포터를 타고서 한번도 그런 곳에 간 적이 없기는 했다. 그 시절 포터를 한번이라도 타봤던 어린 조카들이나 친지들은 적재함에 앉아 우툴두툴한 비포장도로를 달렸던 일을 '멋진 추억 1호'로 간직하고 있으니, 추억은 참 소박하고 사소한 데서 시작되나 보다.

변두리에 살면서도 일찍 운전을 배웠던 것은 근교에서 농장을 하는 환경 탓이 컸다. 한 시간에 한 대씩 다니는 버스를 타고 시장을 봐 나르는 일이 힘들었을 뿐더러 양손에 짐을 들고 택시를 타는 일은 감히 엄두도 낼 수 없었다. 택시기사들의 승차거부와 요금시비에 주눅이 들었기 때문이다. 남편을 기사로 부리는 일은 더욱 불편했다. 애걸복걸해서 차를 얻어 타면 시장입구에 달랑 내려놓고 "5분이다"하며 선심 쓰듯 위세를 부린다. 사야할 물건이 얼마인데 사정사정하면 "옜다, 10분" 하고 시간을 늘려준다. 포터를 만난 뒤로는 누구에게 시간을 구걸할 필요도 없었고 산더미만한 짐도 겁나지 않았다.

두 번째 만난 차는 픽업이다. '사람을 마중가다' 라는 뜻의 픽업은 주로 아이들을 태워 날랐던 차다. 유치원을 시작으로 초중고 15년 간 나는 아이들의 기사노릇을 도맡았는데 아이들의 몸집이 불어나는 속도에 맞춰 프라이드 3도어, 5도어로 옮겨갔다.

프라이드는 '자랑스러운 마음 또는 자존심'이다. 자존심은 제 몸이나 품위를 스스로 높게 가지는 마음이다. 나는 아무도 알아주지 않는 나 자신의 자존심을 증명해 보일 요량으로 '우리들의 고향' 이라는 글을 써 신동아 논픽션 최우수상을 받았다. 양돈 경력 16년 되던 해, 수입개방과 가격 폭락으로 농장이 문을 닫아야할 지도 모르는 상황에서 젖 먹던 힘까지 짜내어 한자 한자 썼던 글이다. 으리으리한 시상식장에서 수상소감을 발표하는 행운을 잡았다. 내가 노린 것은 최우수상이라는 영예보다 바로 이 수상소감이었다. 객석 어디선가 "본문보다 수상소감이 더 걸작이다!" 라는 환호성이 들려왔다. 자칫 무명의 사각지대로 사라질 번했던 우리 돼지들과 나의 글쓰기에 계급장 하나를 단 사건이었다.

다음 차 '세피아'의 뜻을 나는 알지 못한다. 취향이 맞지 않는 친구처럼 웬일인지 나는 이 차에 정이 들지 않았다. 아이들이 자라서 대학기숙사로 떠난 뒤라, 휑하니 넓은 공간이 부담스러웠다. 서둘러 크기가 한 단계 낮은 '악센트'로 바꾸었다. 내 삶에서 강조될 만한 거대사건은 시부모님과 친정어머니가 돌아가신 일이다. 나를 버텨온 근엄함謹嚴과 자애慈愛의 두 축이 지상에서 사라져버렸다. 동시에 나는 명실상부한 어른(?)의 반열에 올랐다.

이제 나는 라비타를 타는 예순의 아낙이 되었다. 프랑스에서는 쉰다섯부터를 '연소노인' 또는 '제 3의 인생'이라 부른다고 한다. 제 3의 인생이라니 마지막 페이스를 조절하는 마라토너의 이미지가 떠오른다. 아니다. 출발선상에서 땅! 출발신호를 기다리는 주자의 심정이다. 나는 지금 제 3의 인생을 막 출발하는 시점이니까.

나의 제 3의 인생목표는 '느릿느릿 그리고 화려하게'로 정하겠다. 음악적 표현으로 치면 '안단테 칸타빌레' 쯤 될까. 새롭게 시작하는 내 인생의 밑그림을 나는 우리 집 마당에 그려가고, 있는 중이다. 먹을거리를 자급자족하며 쉬엄쉬엄 사는 것이 나의 꿈이다. 굳이 꿈꾸지 않아도 시간은 내 편이 되었고 이젠 바쁘게 실어 날라야할 짐 같은 건 있지도 않다. 그래서 생각해보는데 아마도 '라비타'는 내가 타는 마지막 차가 되지 않을까. 심심풀이로 장을 한 바퀴 구경하고 먼 도시로 나들이

가는 정도라면 대중교통으로도 충분할 것이다. 안단테 안단테를 흥얼거리며 두 다리로 또박또박 걸어 다니는 것도 좋지 않겠는가.

미소짓기

돼지는 왜 꼬리를 잘라 먹는가?

그대 눈동자에 뜨는 달

마음을 심다

암보다 무섭고 호랑이보다 무서운

감나무와 밤나무

연하장 1

연하장 2

깨를 볶다가

미소짓기

70년대 후반으로 기억된다.

'잘 살아보세'라는 노래가 마을을 뒤흔들며 감칠맛 나는 새벽잠을 깨우던 시절이다.

"오늘은 ○○에서 ○○명이 우리 마을을 방문하오니 모두 나와서 마을 안 길 청소를 해주십시오."

라는 방송이 그 노래 끝에 이어지곤 했다. 그 당시 우리 마을은 〈모범새마을〉로 뽑혀 대통령 하사품까지 받은 관록 때문에 연일 밀려드는 인파로 시장바닥처럼 흥청거렸다. 연간 수천 명을 넘어섰다는 방문객 중에는 해외동포들의 모국방문단도 있었고, 국내의 이름 있는 인사들과 그 부인들도 적잖이 끼어 있었다. 어느 날은 높은 분들의 부인회에서 온다하여 유난히 독촉이 심했다.

"곧 도착할 시간이니 급히 나와서 우리 마을에 오신 손님들을 환영해주시기 바랍니다."
라는 재촉에 못 이겨 머리수건을 고쳐 쓰며 아낙네들이 나오고 있었다. 검고 억센 피부가 나이보다 열 살 정도는 더 들어 보였다.

"빗질이라도 좀 하지 않고?"

내 또래의 혁구 엄마에게 말을 건넸다.

"거울 볼 여가가 어디 있당가?"

여자는 남에게 보이기 위해서보다 자기도취에서 화장을 한다는데 거울조차도 무용지물이었다. 허구한 날 비닐하우스 속에서 땀 흘리니 화장한들 견뎌낼 수도 없는 형편이었다.

회관에 도착해보니 온다던 손님들은 거울 하나를 남겨놓고 사라지고 없었다. 새마을사업이 잘 되고 있어서 격려 차 온다던 사람들은 너무 바빠서 그냥 떠났다고 했다. 기관장 부인들의 모임이라는 '○○○회'라는 금박 글자가 찍힌 거울이 손님 대신 황급히 달려온 우리들의 헝클어진 모습을 비춰주고 있었다. 선물로 들어온 거울은 회관의 벽면을 채우고도 남아돌았다.

언제는 해외교포들이 버스 몇 대를 대절하여 들이닥쳤다. 한여름이라고는 하지만 겨우 가슴만 가린 핫 팬티 차림에 시커먼 선글라스를 끼고, 이제 네댓 살 난 아이들과 유창한 영어를 지껄이며 활보하고 다녔다. 낯익은 마을길이 아니었다면 LA 어느 골목으로 착각할 지경이었다. 한복치마를 펄럭이는 부인네들과 넥타이 맨 아저씨들이 끝없이 이어졌다.

기가 막힌 것은 우리 집이 〈부엌개량시범농가〉라며 부엌까지 몰려드는 인파였다. 두 평 남짓한 부엌에서 솔가지 꺾어 밥 짓기 불편하다고 연탄아궁이로 고친 것과 부뚜막에 타일 몇 쪽 붙인 것이 전부였다. 또 중요한 볼거리였던 〈메탄가스시설농가〉는 선전과는 달리 취사는커녕 보리차 한 주전자도 끓이기 전에 화력이 다해버리는 정도였다.

"야아, 이렇게 공기 좋고 경치 좋은 곳에서 살면 얼마나 행복할까? 구태여 서울에서 살 필요가 뭐 있어. 나도 이런데서 돼지나 키우면서 살까?"

마당에 만발한 꽃을 보며 사람들은 탄성을 질러댔다.

농촌사람들에게 여명은 기상신호다. 동녘이 부옇게 어둠을 밀어내면 사람들은 제각기 일터로 간다. 일손을 구하지 못해 부부가 농사에 매달리다보니 아침에 들에 나가면서 아예 점심밥까지 챙겨 나간다. 식사하러 집에 오가는 시간에 조금이라도 일을 더 하기 위해서다. 대낮에 사람을 만나려면 밭으로 찾아가야지 집으로 가면 아무 소용도 없다. 하루해를 종종걸음 치며 보내도 저녁 9시 TV 뉴스를 보기가 힘들었다.

매스컴은 신비한 마력으로 사람들을 불러 모았고, 마침내 우리 마을은 해외에까지 이름을 날리게 되었다. 〈국제 홍보협회〉라는 곳에서 왔다. 해외 5개국 홍보용 책자에 우리 부부의 일과가 중점적으로 소개될 것이라 했다. 어떻게 우리가 뽑혔는지 자세한 내막은 우리도 알지 못했다. 먹고 잠자는 시간조차 제대로 누리지 못하는 '촌부자 일부자'의 일상도 자랑거리가 되는지 모를 일이었다.

아침에 눈떠서부터 밤잠자리에 들 때까지 카메라가 뒤쫓아 다녔다. 탁구 치면서 휴식하는 장면을 찍기로 했는데 먼지가 수북이 쌓인 탁구대를 닦고 보니 탁구공이 하나도 없었다. 궁리 끝에 계란으로 대신하기로 했지만 계란을 구하는 일이 쉽지 않았다. 몇 집을 돌아다니다가 금방 알 낳고 나오는 암탉의 둥지에서 계란 하나를 구할 수 있었다. 계란을 탁구공처럼 쥐고 서브하는 장면을 찍었는데 폼이 나쁘다고 번번이 핀잔을 받았다. 그도 그럴 것이 나는 탁구를 쳐본 적이 없었다. 내가 혼수품으로 해온 탁구대는 가족들의 휴식시간을 위해서였지만 오는 날부터 먼지를 쓴 채 창고 구석에서 잠자고 있었던 것이다.

우리 마을의 주 생산품인 오이밭에서 또 한 장을 찍었다. 섭씨 30도가 넘는 비닐하우스 속에서 주렁주렁 매달린 오이순을 지주에 붙들어 매는 장면이었다. 사진을 찍던 기사아저씨는 모델의 표정이 마음에 들지 않는다고 성화였다.

"왜 그렇게 표정이 딱딱할까? 부드럽게 좀 웃어 봐요. 탤런트 한혜숙 있잖아, 그 한 혜숙이 잘 짓는 고상하면서도 미래 지향적인 그러면서도 행복에 겨운 미소, 그게 그렇게 어렵나요?"

기사아저씨는 끈덕지게 고상한 미소를 주문했다. 숨쉬기조차 고통스러운 고온의 비닐하우스 속에서 나는 그 미래지향적인 미소를 짓느라 땀을 줄줄 흘리며 울상을 짓고 있었다. 삼십여년이 지난 지금, 과연 우리는 행복한가?

돼지는 왜 꼬리를 잘라 먹는가?

돼지의 질병 중에 '꼬리를 잘라 먹는 병'이 있다. 여태까지 이 병은 단순한 질병으로 알려져 왔는데 최근에야 이 병의 진짜 원인이 밝혀졌다. 원인은 자그마치 26가지나 된다. 돼지는 본능적으로 자연 속을 돌아다니며 코로 파고 건드리는 습성이 있다. 다른 돼지의 꼬리를 무는 행동은 처음에는 자연스러운 놀이의 하나로 시작된다. 꼬리가 하나의 놀이도구로 이용되는 셈이다. 그러다가 꼬리에 상처가 생기거나 피가 나기 시작하면 꼬리를 잘라먹는 행동으로 발전한다. 꼬리를 잘라먹기 시작할 때는 이미 중증의 질병으로 진행된 상태다. 이 병은 전염성이 강해서 집단 속의 한 놈이 걸리면 주위의 다른 놈들도 삽시에 옮는다. 밝혀진 원인 중의 첫째가 '시간이 남아도는 돼지의 행동'이라고 한다.

돼지의 행동 하나 하나에는 목적이 있다. 사료를 섭취하고, 배설하고, 물을 먹고, 휴식을 취하는 등…. 그런데 목적 없이 어슬렁거리는 놈이 '꼬리를 잘라먹는 병'에 걸린다는 것이다. 이것은 병균에 의한 질병이 아니다. 사람으로 치면 일종의 정신질환(요즘 유행하는 '왕따' 쯤)이라고 할 수 있다. 때문에 투약이나 주사보다는 발병의 원인을 제거해야 된다. 예방법으로는 동선動線의 적절한 배치와 다양한 놀이도구를 넣어주는 것 등이다. 꼬리에 험한 상처를 입은 놈을 격리시키고 폐타이어 등의 놀이도구를 넣어 주다보니 사람들의 이야기가 몇 가지 떠오른다.

아메리카 이주민들이 원주민을 지배하는 수단으로 제일 먼저 퍼뜨린 것이 〈술과 도박〉이라고 한다. 술과 도박은 원주민들에게서 그들의 일과 문화를 빼앗았다. 힘들게 일하는 대신 달콤한 주신酒神의 유혹에 빠진 것이다. 일을 할 필요가 없어진 이들은 대부분 알코올과 도박에 중독되어서 시간의 흐름을 잊고 산다. 그러나 의식 있는 원주민들은 지금도 그들의 구역 내에서 자신들의 생활방식을 지키며 살아가고 있다. 남자들은 사냥과 수렵으로 먹을 것을 마련하고, 여자들은 아이를 기르고, 사냥이나 수렵의 수확물로 장신구를 만들어 관광객을 상대로 장사를 한다. 그들은 이주민들이 무상으로 뿌리는 술과 돈을 과감하게 뿌리쳤고 자식을 명문대학에 보내지도 않는다. 대통령을 뽑는 투표권도 거부하고, 어떤 문명의 편리함과도 타협하지 않으며, 자연 속에서 모든 생필품을 구한다.

우리 집에서 가까운 곳에 초현대식 고급 백화점이 생겼다. 도심을 벗어난 변두리에 위치한 데다 지방 소도시의 특성상 고전하리라던 예상을 뒤엎고 연일 성시를 이룬다. 우선 주차장이 넓고 없는 것 없이 다 있어서 나도 그곳엘 자주 간다. 백화점에 들어서면 하인을 여럿 거느린 상전이 된 착각에 빠진다. 아래층에서 위층을 오를 때는 계단에 가만히 서있기만 해도 에스컬레이터가 데려다 준다. 오색 전구가 반짝이는 엘리베이터를 타고 단숨에 7층을 오르내리면 내가 갑자기 세련된 도시인이 된 환상에 빠진다. 도대체 한 발짝도 걸을 필요가 없으니 이 얼마나 편한 세상인가. 뿐인가. 식품코너에 진열된 물건을 보면 참으로 편리한 세상임을 실감한다. 씻어 다듬은 콩나물, 씻어 다듬어 양념을 곁들인 매운탕, 초장을 곁들인 생선회, 빚어놓은 수제비, 온갖 나라의 전통 음식, 점원의 간드러진 친절도 싫지 않고 깔끔하게 진열된 물건은 모두가 최고급품으로 보인다. TV의 드라마 속에서 보았던 부잣집 마나님의 약간 도도한 몸짓을 흉내 내며 쇼핑카트에 이것저것 주워 담는 재미가 쏠쏠하다. 돈이 든 지갑과 입만 있으면 만사 오케이다.

팩에 든 된장과 김치를 사들고 백화점을 나서는데 옷자락이 문턱에 걸린 듯 자꾸 뒤가 돌아 보인다. 정체를 알 수 없는 말의 혼령들이 덜미를 잡는다. '말이 단 집에는 가지 말고 장맛이 단 집에 가라'는 말이 앞을 가로 막는다. 그러니까 장맛은 곧 여인의 심성을 대변하는 잣대였다. 이제 이 말의 수명은 끝났다. 사람이 지어서 쓰는 말에도 수명이 있음을 실감한다. 요즘은 이런 수명을 다한 말들이 더러 눈에 띈다. '십년이면 강산이 변한다' 라든가, '농자천하지대본農者天下之大本' 등등 …. 생각해보면 강산은 아침저녁으로 변하고 농사는 세상일의 근본이 아니다.

10년 전에 나는 손수 콩을 심고 가꾸고 거둬들였다. 다시 그 콩으로 메주를 쑤어 아랫목에다 띄웠다. 손이 없는 청명한 날에 소금물을 풀어 장을 담았다. 콩 한 알이 된장으로 탈바꿈하는데 꼭 1년이 걸렸다. 1년이 걸려 얻어낸 된장을 나는 지금 단 10분 만에 사다 나른다. 빨래하는 수고를 덜자고 세탁기를 만들고 복잡한 일에서 놓여나려고 편리한 주방용품을 개발했다. 우리가 발명한 기계 덕분에 우리는 많은 시간을 벌었다. 세탁기에 빨래를 넣고 전기밥솥에 밥을 부탁해놓고 멍하니 앉아서 내가 벌어놓은 시간의 행방을 헤아려본다.

그 엄청난 시간은 어디서 무엇에 쓰이고 있을까? 다른 돼지의 꼬리를 잘라먹는 돼지처럼 나는 누군가의 꼬리를 찾아다니는 일은 없을까. 나도 모르는 사이에 내게도 꼬리를 잘라먹는 질병이 자라나고 있는 것은 아닐까. 그리고 그것의 병균을 내가 속해 있는 집단 속에 퍼뜨리고 있는 것은 아닐까. 때때로 넘쳐나는 시간의 홍수 속에 둥둥 떠밀리다가 남아도는 그 시간이 오히려 짐이 될 때가 있다. 그래서 나는 다시 호미를 잡고 그 옛날처럼 콩밭으로 돌아가고 싶을 때가 있는 것이다. 사람이건 짐승이건 생산적인 소일거리와 건전한 놀이문화가 절실한 시점이다.

그대 눈동자에 뜨는 달

전라도 사람이 된지 스무 해가 넘었어도 나는 아직 전라도 말에 능통하지 못하다. 듣는 것은 물론 말하는 것이 지독하게 서툴다. 시어머니께서 방금 한 말을 알아들을 수가 없다. 발음도 말의 뜻도 도무지 절벽이다. 입이 서울이라고 이럴 때는 열 번이고 스무 번이고 묻는 게 상책이다. 특히나 어른들 말씀은 귀담아 들을 필요가 있다. 말에도 맛이 있다는 것을 요즘에야 알아차린 것이다. 그래서 처음 말을 배우는 아이처럼 묻고 또 묻는다.

"뭐라고 하셨어요?"를 서너 번이나 되풀이하고서야 시어머니 말씀의 요지를 알아들을 수 있었다.

"이 사람아, 남의 말이 아니고 자네 말이네. 옛말에 '시어미 술값은 홑 닷 냥 며느리 술값은 열닷 냥'이라 더니, 웬 술을 그리 드셨는겨?"

찬찬히 새겨듣고 보니 술 마신 며느리를 공박하는 내용이다. 위안이 되는 것은, 시어머니 앞에서 술 마시는 며느리가 옛날에도 있었다는 사실이다. '술값 어지간히 갖다 버려라'는 비아냥거림이 이토록 아름답게 포장되어 있는 말이 또 있을까? 마신 술맛보다 말의 맛에 취하는 순간이다. 간혹 시어머니한테서 술을 배웠다는 사람도 보았고 고부간에 정답게 권하거니 자시거니 한다는 얘기도 들은 바 있다. 나는 실없게도 그런 사람들이 부럽다. 그 정도로 발전한 사이라면 고부갈등쯤 문제도 되지 않을 것이다. 갈등의 뒤풀이는 으레 한 잔 술이 해결해 줄 터이므로. 한데 불행히(?)도 시어머니는 콜라 냄새에 취하는 양반이다. 그러나 마당구석의 빈 술병 무더기를 마을회관에 들고 가서 빨랫비누로 바꿔오는 분도 시어머니다.

술의 해악과 이로움을 지적하는 속담이 여럿 있다.

'사위를 얻을 땐 술을 먹여 보라.'

'낮술에 취하면 장모도 못 알아본다.'

'악마가 마을에 내려갈 시간이 없을 때 대신 술을 보냈다.'

술은 악마의 심부름꾼이다. 인간의 악마 성을 숨김없이 드러내는 액체가 술이다. 반면 도에 이르는 길을 술에 비유한 신비주의자도 있다. 도의 황홀경이 어느 정도인지 짐작하게 한다. 술에도 주도가 있고 바둑처럼 급수가 있다고 하는데, 나는 술을 좋아하면서도 이렇다할 주도나 내세울만한 급수는 없다. 그냥 마시고 싶을 때 형편껏 마시는 것이 고작이다.

굳이 뿌리를 찾자면 잠깐 친정오라버니께 사사받았다고나 할까. 여학교를 졸업했을 때 나는 두 가지 선물을 받았다. '굽 높은 구두와 술 한 잔'이 그것이다. 이젠 숙녀가 되었으니 조신해야겠지? 라는 말 대신 오라버니는 막걸리 한 사발을 내밀었다. 요즘으로 치자면 '성인식'쯤 되지 않을까. 그 시절 우리 형편으로는 과하다 싶은 메이커 구두에 난생처음 받은 술잔, 둘 다 파격적이었다. 나의 숙녀로서의 출발점은 그러니까 운동화에서 구두로, 음료수에서 주류로 바뀌는 지점이었다. 태어나서 처음으로 마신 술맛을 나는 지금도 기억한다. 설렘과 어색함, 책임감, 낭만, 해방감이 칵테일 된 첫 잔. 첫 잔의 술맛은 중년인 지금에도 변함없다. 나는 술이 아니라 술이 가진 분위기를 마시는지도 모른다.

술을 가장 멋지게 마셨던 여인으로는 '황진이'가 으뜸이다. 황진이의 술 마시는 모습을 나는 영화에서 보았다. 어느 폭포수 아래서 소리공부를 하던 명월이 술 한 잔으로 휴식을 취하려는 찰라, 시냇물 저편에 한 나그네가 등장한다. 진이는 자신의 비단신발에 술을 따라 냇물에 띄운다. 신발로 술잔을 삼는 것은 최고의 사랑과 믿음의 증표라고 한다. 비단신 술잔은 뒤집힐 듯 말 듯 용케도 시냇물을 거슬러 건너편 나그네 앞에 당도한다. 술이 있는 곳에 권주가가 없을 수 없다.

"청산리 벽계수야 수이 감을 자랑 마라… 명월이 만공산 하니 쉬어간들 어떠리….”

저 능청스럽고 여유만만한 큐피드의 화살을 피해 갈 장사 누구인가? 도사는 도사끼리 통한다더니 두 한량은 첫 대면에서 이미 서로의 인물됨을 알아차렸던 것이다. 수천 마디의 말보다 수십 장의 연서보다 한 잔의 술이 친화력을 가지는 까닭이다.

술은 자연과 더불어 마셔야 제 맛이다. 술맛을 부추기는 경치로는 강릉 경포대가 제일인 듯하다. 경포 바다에는 달이 일곱 개나 뜬다고 하니 그 하나가 하늘에 뜬 달이요, 경포 바다에 하나, 임과 나의 술잔에 하나씩에다, 임의 마음속, 임의 눈동자에 뜬 달을 합하니 일곱 개다. 임의 마음속에 감추어진 달을 볼 수 있는 것은 술의 요술이다.

사철 꽃이 피는 마당과 달빛 쉬어 가는 누옥陋屋이 있어 나는 술을 자주 마신다. 핑계는 무궁무진하다. 바람 불어 한 잔, 비가 와서 한 잔, 꽃이 핀다고 한 잔, 새가 우니 한 잔……. 이래서 삼백 예순 날이 주일이다. 그러나 뭐니 뭐니 해도 술이라면 힘껏 일한 뒤에 마시는 술맛이 최고다. 적당한 노동 뒤에 오는 피로감과 세속에 찌든 때를 씻어주는 것은 술이다. 혼자라서 행여 서운할 일이 없고, 혹시 임의 눈동자에 뜬 달이라도 볼 수 있다면 거기가 바로 천국 아니겠는가. 천국 가는 길은 참 쉽고도 가깝구나. 주량이라고는 고작 맥주 세 병인데도!

마음을 심다

연 이틀 계속되던 봄 속의 가을날씨는 하루 밤낮 비를 뿌렸다. 봄 가뭄으로 50여 군데나 난 산불을 모두 끄고 식목일에 맞추어 내려주니 반갑기 비할 데 없다. 텔레비전에서는 식목일행사를 대대적으로 다루고 있다. 나는 식목일보다 앞선 2-3월에 묘목을 모두 심었으므로 식목일에는 파종해두었던 씨앗들을 모종하며 보냈다. 마당을 손수 가꾸면서 터득한 게 있다면 4월 5일은 나무심기엔 늦은 감이 있다.

음력설을 지나면 나무는 되도록 빨리 심을수록 좋다니까 식목일을 한달쯤 앞당겨도 무방할듯하다. 나무심기엔 4월 5일보다는 2-3월이 좋고 2-3월보다는 전 해 11월이 더 유리하다고 한다. 11월에 심은 나무는 봄에 꽃이 피고 열매를 맺지만 2-3월에 심은 묘목은 꽃이 피지 않고 잎만 나온다. 결실이 한 해가 늦어지는 셈이다. 나무도 나이를 먹는 것을 아나보다.

모종상자에서 비 오기만을 기다리고 있던 홍화와 백일홍과 허브를 모종하고 옥수수를 심었다. 향이 강한 허브는 사람들의 왕래가 많은 사무실 옆에 전용으로 밭 하나를 마련했다. 바람이 불면 제 몸을 부대껴 향을 뿜어내니 사람들이 많이 다니는 곳에 심을만하다. 농장에서 나는 돼지냄새를 허브향기로 바꾸어 주니까 일석이조의 효과가 있다. 원래 허브는 병충해 방제용으로 개발된 식물이라고 한다. 향이 강해 식물의 사이사이에 심으면 진딧물이나 다른 벌레가 생기지 않는단다. 허브에 대한 관심은 우연히 선물 받은 허브 화분 하나에서 시작되었는데 마침내 허브 밭을 만드는 데까지 발전하였다.

옥수수 씨앗은 밭의 한가운데 경사진 곳에 심는다. 씨앗을 보름간격으로 심으면 가을까지 따먹을 수 있다하여 우선 절반을 심었다. 이 옥수수는 제천의 선생님 댁에서 얻어온 것이다. 일전에 전화로 "옥수수는 언제 심어요?" 했더니 "거긴 남쪽이니까 4월 초순에 심어야지."하고 대답해주셨다. 그 대답을 들으면서 한번 선생님은 영원한 선생님이네, 하고 웃었다. 여고시절 국어과목을 시작으로 평생의 조언자가 되어주니 말이다. 홍화씨앗은 갱년기 골다공증에 좋다하여 볶은 가루를 살 때 한 주먹 얻은 것이다. 꽃이 예쁠 뿐더러 이슬 맞은 꽃을 따서 차로도 만든다니 기대가 크다. 잘 가꾸어서 꽃도 보고 꽃과 열매를 따서 차를 만들고 싶다.

아침저녁 눈 맞추며 물주고 환기 시켜주고 잡초를 뽑아주던 어린 모종들을 넓은 마당으로 옮겨 심고 나니 대학기숙사로 처음 아이들 떠나보내던 때처럼 시원섭섭하다. 넓은 세상으로 떠나가는 어린 싹들의 장도를 축하하듯 봄비는 종일 흡족하게 내린다.

"아들입니다."

드르륵 문 여는 소리, 곧 이어 아들의 목소리. 밤새 심야버스를 타고 왔으니 어서 자고 늦은 아침에 보자고 나는 잠결에 대답한다. 조금 후에 또 문이 열리더니 "어무이, 지 왔심더."하는 딸의 목소리가 들린다. 어미에 대한 애정의 표시일 게 분명한 딸의 사투리는 '어무이'의 '무'에다 억양을 넣는 바람에 웃음거리가 된다. 원래 경상도식 발음은 '어'에 억양이 들어가는데. 그래도 꼬박꼬박 서툰 사투리로 대꾸하니 기특하다. 잠결에 또 "한숨 자고 아침에 보자." 했다가 밤새 달려온 아이들을 내다보지도 않다니 이런 무정한 어미가 있나 하고는 얼른 문을 열어본다.

딸이 먹고 싶은 음식 1호는 삼겹살이란다. 아버지와 아들이 각각 외식을 나간 사이 딸과 나는 마당에서 상추를 뽑아 삼겹살을 싸먹는다. 나는 딸에게 붉은 새순이 돋아나는 포도나무도 보여주고 양귀비꽃도 보여주고 함께 이웃 밭에서 제비꽃을 한 대야 퍼와 마당에 심는다. 딸은 매발톱, 개구리발톱, 영산홍, 등등 마당의 구석구석을 사진 찍고 다니다가 나에게도 포즈를 요구한다. 마당을 사진 찍고 다니는 딸의 동작은 사뿐사뿐 날아다니는 나비 같다. 아니 마당에서 제일 싱싱하고 예쁜 움직이는 꽃이다.

"이 집에 사신 지는 몇 년이지요?"

"30년."

"여기서 사는 일, 지루하지 않으세요?"

딸은 마치 취재기자처럼 이것저것 질문을 해댄다. 예전에 식구가 많고 일이 많을 때는 무척 힘들었지. 매일 밥 먹는 식구가 스무 명이 넘었던 적도 있었으니까. 그땐 휴식이라고는 없었고 먹기 위해 사는 동물처럼 일하고 먹고 잠자는 생활의 반복이었다. 그런데 지금은 충분히 휴식하고 내가 하고 싶은 일을 하니 만족이다. 적당한 소일거리가 있다는 게 얼마나 다행인가. 똑 같은 일인데도 '해야 하는 일'과 '하고 싶어서 하는 일'은 이렇게 차이가 있나보다. 씨앗을 뿌리고 묘목을 사다 심고 풀을 맬 마당이 없었어봐라, 난 무얼 하며 시간을 보내고 있었을까. 그러니까 마당은 나의 구세주야.

그리고 내 손자들이(도대체 몇 년 후가 될지 모르지만) 맘껏 뛰놀 수 있는 공간을 마련하는 재미도 있다네. 온갖 과일이 주렁주렁 매달린 마당에서 손수 과일을 따먹고 잠자리와 나비를 잡는다면 신나는 일이잖아? 나는 지금 그 미지의 아이들에게 보여줄 멋진 장소를 꾸미고 있는 중이란다.

"손자라니요?"

"네가 낳을 아이들 말이다."

손자라는 말에 우리는 큰소리로 웃는다. 나무는 십 년 앞을 내다보고 심는다 했으니 이 나무의 주인은 그 아이들이 될 것이다. 나무를 심어야하는 구실을 찾아낸 것이 참으로 대견하다. 은목서와 종려 동백 등 마당에 심겨진 나무들의 사연을 일러주고 집의 역사도 들려준다.

이 나무들은 너의 할아버지께서 손수 심으신 것들이니 수령 40년이 넘었구나. 나무를 심은 사람은 떠났어도 나무는 씩씩하게 땅을 지키고 있다. 한 30년 후엔 지금 내가 심고 있는 나무들도 이만큼 자라 있겠지? 그리고 딸은 제 아이들에게 말해줄 것이다. 이건 너희 외할머니께서 심었다고. 식목일에 나무를 심는 것은 내 마음을 심는 일이다.

암보다도 무섭고 호랑이보다 무서운

노화와 함께 뇌가 축소되어 발병한다는 치매는 전 미국 대통령 〈레이건〉과 〈이태영〉 한국 최초의 여성 변호사에 의해 유명해진 병이다. 통계에 의하면 80세 이상의 미국인 60%가, 한국의 65세 이상 농촌 인구 중 20퍼센트가 이 병으로 고생하고 있다 한다. 기억장애와 성격장애, 집중력장애 등등으로 일상생활이 불가능해져 본인은 물론 가족들의 고충이 막대한 병이다. 무엇보다 치매는 병으로 인정받지 못하는 것이 가장 큰 문제인 것 같다. 병에 대한 이해부족으로 제 때에 적절한 치료를 받지 못함은 물론 병의 특징상 학대나 방치의 가능성이 높아, 당사자로서는 억울하기 그지없고 동거하는 가족으로는 지옥에 다름 아닌 고통이 되고 있다. '드러난 환자' 즉 본인에겐 천국(과연 그럴까?)이며 '그늘에 숨겨진 환자' 즉 보호자에겐 지옥이 된다는 병. 만약 치매가 아니고 '암'이라면 어땠을까. 정확한 병명을 알기 위해 이름난 병원에서 종합검진이 이루어질 것이며 한때나마 시설이 좋은 병상에서 가족들의 과분한 동정과 보살핌을 받을 수도 있었을 것이다.

암이 육체를 파괴시킨다면 치매는 정신을 파괴시킨다. 인간은 육체보다는 정신을 중요하게 생각하므로 암환자에 비해 치매환자는 턱없이 부당한 대우를 받는 셈이다. 평균수명이 늘어났다고는 하나 인간에게 병을 골라가면서 앓을 재주는 없기에 오래 산다고 마냥 행복해할 일은 아닌 것 같다.

친정어머니는 돌아가시기 전 3년 동안 치매를 앓았다. 그 중의 4주간을 우리 집에서 함께 지내면서 말로만 듣던 치매의 면면을 나에게 보여주었다. 결혼 이후 줄곧 시부모를 모시고 살아온 나는 친정어머니께 그간의 부족한 딸 노릇을 할 수 있는 기회라 생각하고 못 다한 효도를 하기로 결심했다. 어머니는 생각했던 것보다 증세가 심했다. 갑자기 환경이 바뀌어서인지 사위도 못 알아보았고, 동서남북 방향감각도 없었으며, 옷의 앞뒤를 구별하지 못했고, 혼자 옷소매를 꿰지도 못했다. 그 와중에서도 딸을 알아보고 엄마 손을 놓지 않으려는 아이처럼 내 뒤를 졸졸 따라다녔다. 웬 낯선 사람이 거울 속에 있다며 거울을 들여다보며 말을 걸고 금방 밥을 먹고도 돌아서서 안 먹었다고 하여 가족들에게 '거짓말쟁이' 또는 '식탐이 많은 노인'이란 낙인이 찍히기도 했다.

하루는 어머니가 집을 나가 5시간 동안 찾아 헤매는 일이 벌어졌다. 내가 돼지새끼 받고 올 동안 텔레비전 보면서 한 시간만 기다리라고 했더니 '그러마' 해놓고는 그만 집을 나가 버렸다. 처음에는 집안 구석구석과 이웃집을 뒤지다가 차를 타고 나가서 시내 가는 길과 버스정류소마다 샅샅이 뒤지고 다녔다. 어느 책에서 보았던, '치매환자는 뒤돌아보는 일 없이 앞으로만 간다'는 말이 생각나서 되도록 큰길을 따라 멀리멀리 찾아다녔다. 한참 찾아다니다가 혹시나 하는 마음으로 마을회관에 달려가서 방송을 했다. 이러이러한 할머니를 보셨거나 보호하고 계신 분…. 그랬더니 1분도 되지 않아서 마을 할머니가 어머니를 데리고 나타났다. 들에서 밭을 매고 있는데 웬 할머니가 왔다갔다 헤매는 게 이상해서 길을 잃었구나, 하고 자신의 집으로 데려왔다는 것이다.

어머니의 팔짱을 끼고 집으로 돌아오면서 왜 텔레비전 보면서 기다리지 않고 집을 나갔냐고 물었더니 '내가 싫어서 피해버린 줄 알고 우리 집에 가려고…'라며 울먹였다. 다음부터 돈사에 함께 갔더니 아이들처럼 새끼돼지의 동작 하나하나를 보면서 웃고 즐거워했다. 작은 일거리를 맡기거나 심부름을 시키면 1분도 안 돼서 되돌아와 "뭐라고 했나? 뭐 가지고 오라고?"하면서 같은 말과 같은 행동을 수도 없이 되풀이했다. 집중하기에는 어려움이 있었지만 눈앞의 사물에 관심을 가지려는 태도가 역력했다.

나는 이번이 어머니와 지내는 마지막 기회일 것 같아 어머니를 즐겁게 해드릴 방법을 연구해보았다. 목욕탕에도 함께 가고, 아침저녁 산책도 함께 하고, 맛있는 것도 사드리고…. 그리고 무엇보다 많은 얘기를 도란도란 나누고 싶었다. 돌아보니 어머니와 속 깊은 얘기를 나누었던 기억이 거의 없다. 어릴 때는 어려서, 학교 다닐 때는 대화할 기회가 없어서, 결혼해서는 사는 일에 바빠서, 그리고 지금은 어머니의 쇠퇴해버린 정신 때문에 한번도 대화다운 대화를 해본 적이 없는 셈이다. 치매환자는 요즘 일은 기억 못하지만 옛날 일은 잘 기억하고 옛날 얘기를 시키면 즐거워한다는 얘기를 들었다. 옛날 얘기 중에서도 어머니의 신혼시절 얘기와 나의 어릴 적 얘기를 듣고 싶다. 가능하다면 어머니가 신혼시절을 보냈다는 일본의 어느 마을로 함께 여행을 떠나고 싶은 마음도 간절했다. 그 마을의 골목골목을 걷다보면 옛날 기억이 조금은 살아나지 않을까. 나는 그만큼의 시간과 경제적인 여유를 갖추었지만 어머니는 '일본'이라는 말뜻조차 알아차리지 못했다.

목욕탕엘 갔다. 어머니는 내가 대수술을 받고 팔이 불편할 때 내 몸을 정성스레 씻겨주었다. 내 몸의 아픈 곳, 가려운 곳을 나보다 더 잘 알고 구석구석 떼를 밀어주었다. 가슴의 상처를 가리고 구석으로 파고드는 딸에게

"괜찮다, 괜찮다. 야야. 그까짓 흉터가 뭐가 부끄럽다고 숨기노. 가슴을 쫙 펴라."

용기를 주시던 어머니. 이젠 내가 어머니를 위로해드릴 차

례다. "괜찮아요. 괜찮아요. 미국 대통령도 걸렸고 이태영 박사도 걸렸으니 정말로 대단하고 명예로운 병이잖아요. 부끄러워 말고 당당하시라고요."

어머니의 정신연령은 세 살 아이에 머물러있는 것 같다. 물통을 가져다 쌓고, 남의 비누통을 가져오고, 수건을 모아다 빨고, 그러다가 얼른 나가자고 졸라댄다. 꼭 한번 어머니의 등을 밀어드리고 싶었던 내 소원은 영영 이루어지지 않았다.

손쉽게 할 수 있는 단순한 일거리를 드리면 좋다고 해서 시어머니와 함께 쑥 캐러 산에 갔다. 그날이 마침 어버이날이라 두 어머니께 백숙을 대접하고 산행을 하니 보은행사로 적절하다 싶었다. 지천으로 널린 쑥을 두고 한사코 검불을 집어넣는 바람에 사돈 사이에 티격태격 언쟁이 벌어졌다.

"쑥을 캐야지 웬 검불을 넣느냐 말이오!"

시어머니가 소리치면

"뭐면 어때요?"

하고 받아친다. 사돈지간의 조심성은 어디 가고 한 치의 양보도 없다. 치매환자에게 꾸중하거나 책망하는 것은 소용없는 일이라고 한다. 쑥을 캐야하는 줄 알면서도 의지가 따라주지 않고 팔이 말을 듣지 않는 어머니는

내가 왜 이러나, 내가 왜 이러나 하며 안타까워한다. 어쩌다가 끊긴 뇌신경회로에 스파크가 일어날 때면

"내가 왜 아무 일도 하지 않고 이래 있노? 사람이 일을 해야

지. 이러면 안 되는데….”

하며 땅이 꺼질 듯 한숨을 내쉰다. 프랑스 최고의 지성, 〈아이리스〉 여사(작가)가 치매에 걸렸을 때 자신을 간병하는 남편에게 가장 많이 했던 말이

“우리 언제 떠나요?”였다는데, 어머니가 제일 많이 하는 말은 ‘내가 왜 이러고 있나?’다. 평소에 잠시도 쉬지 않았던 근면함이 무의식 속에 남아있는 것일까?

번쩍, 뇌리를 스치는 게 있어서 나는 얼른 〈소리 북〉을 꺼내 휘몰이와 진양 조장단을 쳐보았다. 어머니가 젊었을 적에 장구도 잘 치고 육자배기를 좋아했던 기억이 났던 것이다. 잠시 후에 놀라운 상황이 벌어졌다. 양산도아리랑 밀양아리랑을 가사 하나 곡조 하나 틀리지 않고 부르기 시작했다. 그 소리판의 끝은 어머니의 통곡으로 이어졌다. 자신의 의지로는 아무것도 할 수 없는 슬픔과 안타까움이 통곡 속에 녹아있었다. 저렇게 열정적으로 자신의 감정을 드러내는 것을 난생처음 보았다. 젊은 나이에 홀로 6남매를 키워낸 부지런하고 총명했던 한 여인의 맑은 영혼은 어디로 사라져버렸을까?

치매는 가족력家族曆이 중요하다고 한다. 어머니의 말년은 미구에 닥칠 나의 노년에 다름 아니다. 부모의 병력은 자녀들에게 10년 앞당겨 나타난다니까 나와 가족을 위하여 치매예방에 각별히 신경 써야겠다. 정신이 맑을 때 유서도 써놓고, 적당한 소일거리와 말동무도 만들고, 경제력도 갖추어야 되겠다.

감나무와 밤나무

우리 마을에는 유실수가 많다. 거의 집집마다 한두 종류의 과일나무가 있다. 그 중에서도 우리 집은 밤나무가 많고 '팔현'이네 집은 감나무가 많다. 오늘 아침 텔레비전에서는 밤 소식을 전했다. 밤이 가을의 전령사로 등장한 것이다. 쩍쩍 벌어진 밤송이 속의 알밤들이 유감없이 수확의 계절을 알리고 있다. 우리 집에 지천으로 굴러다니며 천덕꾸러기 취급을 받는 밤이 텔레비전에 등장하다니 우리는 신기해서 일손을 놓고 TV 앞으로 모여들었다. 전국에서도 밤의 주산단지로 손꼽히는 이웃 고장이 소개되고 있었다. 예년보다 밤 작황이 좋아서 수입도 늘어났고 수확시기가 20여일 앞당겨졌음을 알린다. 아나운서는 수확의 계절에 어울리는 알밤소식을 전하는 게 신바람이 났는지 연신 싱글벙글한다.

"뺄(벌)소리께나 하고 있네."

시어머니의 일성에 우리는 화면에서 빠져나와 제 자리로 돌아간다. 조금 전 아나운서의 나긋나긋한 목소리와 시어머니의 가시 돋친 음성이 묘한 대조를 이루며 여운을 남긴다.

그러고 보니 시어머니의 일거일동은 밤송이 가시를 닮은 데가 있다. 시어머니는 보리밥을 싫어한다. 내가 밥을 푸다가 실수로 보리쌀이 몇 알 섞이는 날엔

"호랑이 별명이 붙은 너희 할머니한테도 쌀밥공대를 받았는데 며느리인 네가 시방 나한테 보리밥을 주냐?"

하며 벼락이 난다.

시어머니의 쌀밥타령은 역사가 길다. 내가 들은 횟수만 해도 수십 번은 넘는다. 며느리인 나한테서 약간의 푸대접 기미라도 보이면 어김없이 들고 나오는 단골메뉴다. 쌀밥타령의 역사적인 배경은 '여순사건'이다.

"너그 아부지가 공무원 아니더냐. 공무원은 소개명령에 따라 모두 피신했지. 우리 식구들도 제비골에 숨어서 험하게 살았더란다. 먹을 것이 얼마나 귀한 시절이었는지, 쌀밥 보리밥 간에 밥 구경이 힘들었제. 둘째를 가져서 입덧이 심했더란다. 워낙 내가 보리밥을 싫어하지 않더냐. 입덧 중에는 죽어도 맡기 싫었던 게 보리밥 냄새라 수저를 들지 못했지 뭐냐."

그 난리 통에 어디서 구했는지 할머니는 끼니때마다 쌀 한 주먹을 따로 놓아 아들 손자 제치고 며느리 밥그릇에 담아주셨

다는 얘기다.

일생 밤나무를 가꾸면 정말 밤송이를 닮을지도 모른다. 앞집 할머니는 집안에 키우는 개도 주인을 닮는다고 했다. 우리 집 개가 낙엽 날리는 바스락 소리에도 동네가 떠나가거라 짖어대면 싸납쟁이('사납다'의 전라도 사투리) 주인을 닮아서 그렇다고 했다. 싸납쟁이 주인이라면 밤송이가시 같은 시어머니를 가리키는지 며느리인 나를 가리키는지 애매하다.

나는 그것보다도 더 앞서 해결해야 할 궁금증이 있다. '벌소리'의 말뜻이다. 시어머니는 벌소리를 두 가지 경우에 사용한다. 별로 밉지 않은 책망을 하는 때가 그 하나며 다른 하나는 '돼먹지 않은 소리' 또는 '같잖은 소리' 라는 뜻으로 사용된다. 후자의 경우 뭘 몰라도 한참 모른다는 경멸의 뜻도 담겨 있다. 처음 몇 번 이 말을 들었을 때는 정확한 뜻을 알지 못해 사전을 찾기도 했다. 전라도 고유의 사투리인지 사전에는 없다. 지금은 사전을 찾지 않아도 말뜻을 척 알아챈다. 비결은 20여년 시집살이에서 키운 눈치와 요즘 농촌의 전후좌우 사정을 알기 때문이다.

오늘 아침의 뻘소리는 후자에 속한다. 시어머니의 입장에서 보면 오늘 아침 아나운서가 전해준 밤 소식은 그야말로 '돼먹지 않은 소리'다. 거의 반평생 밤나무를 가꿔온 시어머니가 동의하지 않는 내용이 무슨 의미가 있겠는가. 우리 시어머니는 밤 박사다. 밤 박사가 진단한 올해의 밤 작황은 예년 수준에

훨씬 못 미치는 것으로 나타났다. 올해의 밤농사가 실패한 원인으로는 지독했던 장마와 벌레의 극성, 수입농산물, 인력난 등이라고 한다.

수십 년 빠짐없이 기록해온 밤 박사의 영농일지가 증거품이다. 시어머니는 나처럼 별로 정확성이 없는 기억력에 의존하지 않는다. 그의 일생을 통한 대소사를 기록으로 남기는 철저함이 있다. 받침이 틀린 구식철자법에다 당신만이 알아볼 수 있는 독특한 기록방법이다. 멸치젓 담근 날짜며 김장한 날짜, 밤 밭에 항공 방제한 날짜, 횟수, 대금, 밤을 처음으로 수확한 날짜, 분량, 가격까지 그 외에도 개나 고양이가 새끼 낳은 날짜, 젖 뗀 날짜까지 시어머니의 일기장 속에는 별별 것들이 다 기록돼 있다. 이 일기장 때문에 나는 어떤 신빙성을 강조하는 통계기관의 발표보다도 시어머니의 주장을 믿는다.

집 뒤의 경사진 산비탈이 밤 밭이다. 경사가 심해서 밤 밭으로는 적당하지 않다. 무거운 밤 자루를 끌고 오르내릴 때나 거름을 낼 때나 불편한 점이 한두 가지가 아니다. 인부를 사려해도 사람이 없고 밤 값을 넘어서는 품삯이라 도리가 없다. 그냥 없는 셈치고 포기하라고 권해도 하루도 거르지 않고 새벽같이 알밤을 주우러 나선다. 5전을 보고 10리를 간다는 장사치들이 무색하게 알밤 한 톨을 보고 위험한 곳도 마다 않는다. 벌레 먹은 놈은 골라내고 때깔 곱고 잘 여문 것들을 자루 자루 묶어서 아들네 딸네 집으로 보낸다.

"몸도 성치 않은 엄니, 그런 것은 뭘 하러 보냅니까."

서울 역 수하물에서 밤 자루를 찾은 아들 딸한테서 전화가 걸려온다.

"오냐, 에미 생전에나 실컷 먹어라."

시어머니의 말씀은 거짓이 아니다. 나는 내 형제들은 물론 내 아들 딸한테도 그 고생해서 보낼 자신이 없다.

밤나무는 20년 전에 시아버지께서 8백주를 심었다고 했다. 이런저런 이유로 베어지고 잘려나가 지금은 절반에도 못 미치는 숫자가 남아있다. 밤나무를 심었던 시아버지께서는 10년째 병석에 계신다. 당신이 손수 심었던 밤이 꽃이 피는지, 수확을 하는지, 계절이 오고가는 것도 모른 채 방안에만 누워 계신다. 밤 밭의 관리는 고스란히 시어머니의 몫이다. 시어머니께서는 밤나무 아래 풀을 베는 일, 밤을 줍는 일 등을 하다가 힘들 때나 벌에 쏘이거나 풀독이 올라 며칠씩 병원출입을 할 때는 푸념을 하곤 한다.

"너그 아부지가 내 고생 시킬라고 밤을 심었는갑다. 나 좋아하는 감을 심을 일이지. 팔현이 엄마가 부럽다…."

젊었을 적에는 인물 값하느라 속깨나 썩히더니 늙어서까지 밤 밭을 물려주어 편할 날이 없다고 불평이다. 시어머니는 감을 무척 좋아하신다. 늦가을에는 홍시를 사러 주변의 5일장을 찾아가기도 한다. 서울에 사는 둘째 아들이 성능 좋은 외제냉장고에 냉동시킨 홍시를 한여름에 가져올 정도다.

시어머니께서 쌀밥보다 더 좋아하는 감은 팔현이네 집에 지천으로 있다. 내가 팔현이 팔현이 하지만 팔현이는 지금 오십대 중반의 가장이다. 팔 형제 중의 막내라 동네사람들은 이름을 불러댄다. 서울에서 택시 기사하면서 가끔씩 어머니를 불러올려 서울구경을 원 없이 시켜드리는 효자다. 팔현이 집은 아들만 여덟이다. 딸을 낳으려다 여덟 아들까지 갔느냐고 물을라치면 천연덕스럽게 대답한다.

"모르는 소리 말아라. 제 먹을 것 제가 타고나는 뱁이여. 생기는 대로 낳는 거라."

팔현이 어머니는 여자치고는 기골이 장대하다. 큼지막한 엉덩이에 가슴을 쑥 내밀고 팔을 힘차게 내젓고 걸어가는 모습은 여장부답다. 아무리 제 먹을 것 타고난다 하지만 여덟 아들 키우기가 쉬운 일인가? 시원스런 말투며 넉넉한 몸집이 과육 풍부한 단감을 닮았다. 단감처럼 육덕 좋은 팔현 어머니의 낙천적인 성격 탓인지 여덟 아들 모두가 초등학교 마친 실력으로 남부럽잖게 산다. 한 아들은 중동의 기술 근로자, 부산에서 공장 책임자, 한 아들은 미국이민…, 이래서 팔현 어머니는 미국으로 서울로 부산으로 비행기에 택시에 외로움을 모르고 산다. 여덟 아들이 서로 모시겠다는 호의도 뿌리치고 초가삼간 지키며 혼자 살고 있다.

그저께는 팔현 어머니께서 골목길을 다니며 '영감아, 영감아…' 하며 눈물을 훔쳤다고 한다.

"노년이 무척 쓸쓸하신 모양이지요?"

"모르는 소리. 감 팔아서 목돈 쥐니까 그 돈 같이 쓸 영감 생각이 나서 그러지."

팔현 어머니의 몸집에 어울리지 않는 눈물을 생각하니 웃음이 나왔다. 감나무는 밤나무보다 관리가 수월하다. 가시 돋친 밤송이를 벗겨 내야하는 수고도 없다. 따서 시장에 끌고나갈 필요도 없이 나무에 달린 채로 장사가 와서 선금을 맡긴다. 가을에 감 값을 두둑이 챙길 때마다 팔현 어머니는 영감 생각으로 눈물짓는다. 이 좋은 세상 버리고 떠난 영감이 야속해서, 아들 호강 혼자 받는 것이 송구스러워서, 홀로 남은 할멈 용돈 궁하지 않게 감나무 심어준 것이 고마워서 울고 또 운다. 가을이 되면 두 여인의 희비가 엇갈리는 삶이 도드라진다. 나도 덩달아 웃다가 울다가 한다.

연하장 1

아침나절 오토바이 소리를 듣고 대문간을 세 번이나 달려 나갔다. 집배원 아저씨가 올 시간이다. 보통 때도 그렇지만 연말이 가까워오면 귀를 대문간에다 두고 산다. 얼마 전까지만 해도 집배원 아저씨는 걸어 다녔다. 소리 없이 마당에다 떨어뜨리고 가던 우편물 속에서 내 이름자를 찾아내기란 1년 가도 힘들었다. 그러면서도 시간만 되면 마당에 나가 서성거린다. 다른 식구 앞으로 온 편지를 얼른 집어다 건네주는 것도 신나는 일이었다.

걸어 다니던 집배원 아저씨는 5, 6년 전부터 자전거를 타고 왔다. 대문간에 들어설 때면 일부러 요령소리를 따르릉, 따르릉 울린다. 대문간에서 아무리 먼 곳이라도 집배원 아저씨의 요령소리는 유난히 크게 들린다. 부엌에서 설거지를 하든지,

수돗가에서 빨래를 할 때도 쏟아지는 물소리에 묻혀버리지 않고 잘 들린다. 설거지하던 손이 춤추듯 재빨라지고 가슴까지 설레는 자전거 요령소리.

요즘은 오토바이 소리도 요란하게 집배원 아저씨가 나타난다. 오늘 아침 나는 벌써 세 번이나 허탕을 쳤다. 처음 온 오토바이는 우유배달 아줌마였다. 식구들의 우유를 받아 들고 씁쓸하게 들어왔다. 두 번째 소리에도 힘차게 달려 나갔다. 개장수 아저씨였다. 강아지를 대여섯 마리 쇠창살에 싣고 와서는 강아지를 팔라고 떼를 쓴다. 소문은 참 빠르기도 하지, 우리 집에 젖 뗄 강아지가 있다는 걸 어떻게 알았을까?

집배원 아저씨는 정오 무렵에 왔다. 식구들의 점심준비를 하고 있을 때다. 이번에는 틀림없겠지. 찌개냄비의 불을 조금 낮추고 물에 젖은 손을 닦으며 달려 나갔다. 한 아름의 우편물을 안겨주는 고마운 아저씨. 연말인 요즘은 두 손으로 받아들기에도 손이 부족하다. 신문 잡지가 한 뭉치, 나머지는 연하장이다. 1년 치 인사를 이 한 장으로 때우겠다는 듯이 며칠을 끊임없이 날아든다. 책상 위에 세워서 줄을 맞춰보니 내 팔 길이만큼 된다. 이 많은 연하장 가운데 내 이름으로 오는 것은 하나도 없다. 더러 내용 속에서 나의 안부를 묻기는 하지만 산더미만한 연하장은 모두 남편한테 오는 것들이다.

그래도 오늘은 한 장쯤…? 하면서 나는 기다림을 포기하지 않는다. 20수 년 전의 일이 생각난다. 몇 해 동안 주소 없는 연하장을 받았다. 한두 번은 예사롭게 넘겼는데 햇수가 거듭되면서 관심이 가기 시작했다. 전나무가 있고, 눈 내린 마을의 흔한 그림에 이름 석자 써 있는 것이 전부였다.

"한 번쯤은 답장이 있을 줄 알았는데…?"

우연히 길에서 만난 연하장의 주인공이 말했다.

"주소도 없는데 어떻게…?"

"주소야 알고 싶은 마음만 있으면 간단한 것 아닐까?"

"…?"

오늘 같은 날은 주소 없는 연하장이라도 한 장 왔으면 좋겠다.

연하장 2

이틀 후면 올해도 마지막이다. 오늘은 우리 집의 망년회 날이다. 모두 모여서 케이크에 촛불을 켜고 망년회 소감을 한마디씩 하고 〈올드랭사인〉을 한 곡 뽑아야 한 해가 갈 것 같다. 시내의 중국집에서 탕수육에 배갈이 아닌 김밥에다 돼지고기, 잡채로 저녁시간을 조촐하게 보내자고 내가 자청한 망년회 날이다.

새해 첫날 나의 소망은 무엇이었던가? 두툼한 노트와 볼펜 몇 자루 사는 것으로 나의 한 해는 시작되었다. 쓰고 싶은 얘깃거리가 많을 것 같았다. 산다는 건 무엇인가? 한 해의 마지막에 서서 돌아보면 즐거웠던 일은 떠오르지 않고 힘들었던 일만 남는다. 타서 써버린 빈껍데기 적금통장 들고 은행문턱 드나들던 기억이 난다. 철 따라 쏟아지는 이름도 많은 세금고지서, 전화요금, 전기요금, 무슨, 무슨 요금들…. 모두 빚을 갚는 일

뿐이다. 전생에 많고 많은 빚을 졌던가보다. 껄끄러운 기분은 씻어버리고 새해엔 근사한 희망을 하나 골라잡자. 세월은 끊임없이 흘러갈 뿐인데 신년회, 망년회로 시작과 끝을 구분 짓는다. 새해 첫날은 희망을 가질 수 있어 좋고 섣달그믐엔 부질없는 미련을 끊을 수 있어 좋다. 지지고 볶고 망년회 별식준비로 부지런을 떨었더니 다리가 뻣뻣해지고 눈까풀이 말려든다.

골목을 달려오는 오토바이 소리, 대문을 거쳐 마당으로 들어선다. 헛걸음일 게 뻔한데도 나는 자동인형처럼 튕겨나갔다. 오늘도 산더미처럼 쌓이는 연하장. 과연 오늘은 올 것인가? 드디어 기다리던 연하장이 왔다. 내 이름으로 왔다. 반가운 손님처럼 날아왔다. H시인이었다. 만난 적은 없으나 이 지역 출신이라고 들어서 알고 있다. 판화를 찍은 옆에 자작시를 인쇄한 이색적인 연하장이다. 기다린 보람이 차고 넘친다. 피라미라도… 하다가 월척을 낚은 기분이다.

"건강에 더욱 유념하시고 일취월장하옵소서."

아니 내 건강이 좋지 못한 것을 어떻게 알고 있을까? 자상하기도 하지. 연하장에 써 있는 한 줄의 덕담을 읽는 순간, 근심 걱정이 씻은 듯이 사라진다. 뻣뻣하던 다리의 통증도 진통제를 먹은 것처럼 온데간데없다.

"맛있게 드세요. 희망찬 새해를 맞이하세요."

나는 온 가족에게 힘차고 명랑하게 인사를 한다. 자정에 끝난 망년회 치다꺼리도 즐겁기만 하다. 세상이 잠든 오밤중에 답장을 쓴다. 종일을 버텨낸 체력을 주었고, 누구에게나 친절할 수 있었던 알 수 없는 힘을 준 연하장의 주인공에게 정성을 다해 답장을 쓴다.

"보내주신 연하장 잘 받았습니다. 한 장의 사각봉투가 이렇게 큰 힘이 될 줄은 한 번도 상상해본 적이 없습니다."

이 감격을 체신연하장 한 장에 다 적을 수가 없어서 편지지 석 장에 길게 썼다. 왜 이렇게 문장이 잘 떠오르지 않을까. 파지를 열 장쯤 냈다. 시간은 새벽 세 시. 일찍 일어나 아침밥 짓자면 그만 편지를 마무리해야 한다. 좋은 꿈을 꿀 것 같은 기분 좋은 예감. 신나는 새해가 될 것 같다.

새해 아침에 나는 연하장이 아닌 연하전화를 돌린다. 내가 아는 모든 이들에게 진심으로 덕담을 나눈다.

"원하시는 일 모두 모두 성취하시기를 빌어요."

사람들은 하나같이 "기분 좋은 일 있어요?" 하고 묻는다. 내 목소리에 기쁨이 넘친다고 했다.

"네, 있지요. H시인에게서 멋진 연하장을 받았거든요."

"아, 거 밭 매는 여인이 판화로 찍힌 연하장 말인가요?"

또 어떤 사람은,

"아, 그 〈아낙〉이란 시가 인쇄된 연하장 말이지요?"

사람들은 어떻게 알까? 내가 처음으로 공개하는 연하장의 내용을?

깨를 볶다가

겨우 5박 6일 다녀온 중국기행문을 쓰려니 제일 먼저 떠오르는 말이 있다. '중국에 대해서 기행문을 쓰려거든 그 곳에 도착한지 사흘 이내에 써라'는 어느 서양인의 글이다. 사흘이 지나면서 중국이라는 거대한 문물과 조금씩 친숙해지면 점점 더 당황하게 되어 마침내는 붓조차 들지 못하고 포기하게 되는 경우가 있다는 것이다. 한 곳에서 사흘을 넘기지 않았던 짧은 일정이 기행문을 쓸 용기와 위로를 주었으니 천만다행이라고나 할까.

모름지기 여행이란 목적 없이 떠나는 게 나의 신조였다. 그러나 이번 중국여행은 〈순천대학최고농업경영자 과정〉 여성반의 해외연수 차 떠난 여행이라 목적 있는 여행이었다. 마치 여고시절의 수학여행과 성격이 비슷한 데가 있었다. 다른 점이 있다면 꽃띠 여고생이 50대 중반의 아줌마가 되어 지도교수님과 함께 떠났다는 점이다. 여행 할 나라와 일정을 짜는 것도 우리 반원들의 몫이었다. 여성반에서 중국을 택하게 된 동기는 우선 지리적으로 가깝고 여행경비가 싼 데다 요즘 일고 있다는 '한류열풍'도 한 몫을 했다. 농축업에 종사하는 반원들로서는 시장점유율이 점점 높아가는 중국농산물의 현장을 가보는 것도 의미 있는 일일 것이다.

떠나는 날 아침, 자명종이 울리기 한참 전에 일어나 오리(소일거리로 오리 3마리를 키운다) 사료를 1주일 치나 부어주고, 남편의 외출복을 다림질해놓고, 그러고도 시간이 남아 새벽하늘에 반짝이는 별을 올려다보며 혼자 고즈넉하게 차 한 잔을 마셨다. 차를 마시면서 떠오른 생각은 이 나이에 내가 여성농업경영자 과정에 다니게 된 것도 그렇고 또 해외연수까지 가게 된 것이 아무래도 신통하고 별난 일 같았다. 이십 수년 전, 돼지 키우는 남편을 만나 줄곧 돼지농장 안주인으로 살아온 일이 주마등처럼 스쳐지나갔다.

최고농업경영자 과정을 나가는 요즘은 내가 마치 20대로 돌아간 기분이다. 비록 반에서 가장 나이 많고 교수님들은 모두 연하이지만 배우는데 나이가 무슨 상관이겠는가. 숙제를 내주지 않는 것도 마음 편하고, 현장견학이 심심찮게 끼어있어서 지루하지 않고, 소속감이 생기는 것도 좋은 점이다. 반원들 대부분이 직접 농사를 짓기 때문에 철따라 싱싱한 야채와 과일을 맛볼 수 있는 것도 이 과정에서만 누릴 수 있는 행운이다. 대화의 대부분이 동물 기르기와 농사여서 공감대가 높고 수수한 차림새도 공통점이다. 장차 예쁜 마당 가꾸기와 먹을거리의 자급자족이 목표인 나로서는 유익한 정보를 얻을 수 있어서 금상첨화다.

젊음은 알 수 없기無知에 절망하고, 노년은 할 수 없기無能에 절망한다고 했다. 그 무지도 무능도 아닌 희망의 50대, 나는 여행배낭에다 희망을 가득 담고 중국으로 떠났다. 첫 기착지 상해는 청주공항에서 1시간 40분 거리였다. 올망졸망한 서해의 섬들이 사라지고 망망대해가 펼쳐지더니 잠시 뭉게구름 속을 숨바꼭질하는가 싶었는데 어느새 상해연안이 나타났다.

상해 홍교공항은 15년 전에 와보고 두 번째다. 한눈에도 달라진 모습이 한두 가지가 아니다. 고층건물의 숫자가 많아졌고 시내의 도로는 폭이 넓고 깨끗해졌으며 고속도로 숫자도 늘어났다. 군복차림에 총칼을 찬 공항직원들이 사람과 휴대품을 거칠게 수색하던 살벌한 분위기는 사라지고 깔끔한 제복의 직원들은 태도가 부드러워졌다. 일행 한 명의 배낭이 공항 검색대를 통과하다가 걸렸다. 삐이 요란한 경고음을 따라 공항 직원은 배낭 속에서 '과도'를 찾아냈다. 과일을 깎아먹으려는 생각뿐 불순한 의도가 없었다는 정상이 참작되어 과도를 압수당하는 것으로 사건은 마무리되었다. 나는 순간적이나마 입국을 못할지도 모른다는 생각에 아찔했는데 그 정도에서 해결되어 다행이었다. 기내에서나 상해거리에서 늘 부딪치는 것은 〈2008년 세계올림픽을 잘 치러보자〉는 광고문안들이다. 그 덕분에 전체적인 분위기가 많이 부드러워진 것 같다.

제일 먼저 찾아간 곳은 상해 임시정부청사. 비좁고(한 층이 열 평이 채 되지 않는다) 낡은 3층짜리 정부청사 건물은 수리중이었다. 맨 아래층이 주방, 다음이 회의실 접견실, 3층이 요인 침실이었는데 요인 침실에는 나무침대가 3개 놓여있었다. 주방에는 요인들이 사용했던 찻주전자와 찻잔이 전시되어 있었다. 나라의 독립을 위해 동분서주했던 투사들의 손길이 구석구석 서려있는 듯 분위기는 무겁고 숙연했다. 나라의 소중함을 실감하는 순간이었다. 나라가 없었다면 우리들이 마음 놓고 외국을 드나들 수나 있을 것인가?

홍구 공원에서 윤봉길 의사의 의거현장과 기념비를 둘러보았다. 공원에 도착하기 전 우리는 가이드로부터 물건 사는 요령을 전수 받고 '상해 3다'의 퀴즈를 풀었다. 물건을 살 때는 처음 부르는 값에서 무조건 삼분의 일까지 깎아야 한다. 예를 들자면 100원짜리 물건을 30원에 사야 정상이다. 공원입구에서 일행 한 분이 방금 전수받은 내용을 실습해보는 것으로 본격적인 중국여행이 시작되었다. 상해 3다의 정답은 '사람, 자전거, 거짓말'이다.

중국관광은 걷는 관광, 듣는 관광, 보는 관광 3가지로 나눈다고 한다. 5박 6일 동안 소주 항주를 많이 걷고 많이 보고 많이 들었다. '하늘엔 천당, 지상엔 소주 항주'라는 표현처럼 소주와 항주는 경치가 빼어난 곳이다. 그 중에서도 소주는 '물의 도시'로 운하가 370개나 된다. 제일 큰 운하는 북경에서 항주를 잇는 '경항 운하'로 길이가 1,750킬로미터나 된다. 막 결혼한 신랑 신부가 배를 타고 이 운하를 따라 신혼여행을 떠나면 도착할 때쯤 아이가 3살이 되어있다고 하니 3-4년은 족히 걸리는 거리다.

항주 가는 고속도로 변에는 뽕나무밭과 대마, 벼논이 끝없이 이어진다. 농가들은 3층 집이 많고 여유 있어 보인다. 우리나라에서는 수지가 맞지 않아(지금은 당뇨병 특효약으로 생산이 부활되었다고 함) 사라진 누에치기가 이곳에서는 중요한 수입원이 되고 있다. 실크 전문 백화점에는 사철 외투에서부터 내의, 잠옷, 이불, 온갖 장신구 등 실크제품만을 팔고 있었다. 팔등신 모델들이 화려한 실크 옷을 입고 나와 패션쇼를 보여주고 누에를 키워 명주이불을 만드는 과정을 눈으로 볼 수 있게 진열해놓은 점이 특이했다.

항주의 명물 용정 차밭을 보고 싶었는데 차밭 대신 차 만드는 공장에 가서 차 한 잔 대접받고 차 선전을 귀 따갑게 들었다. 용정 차를 소개하는 중국 아가씨의 한국말 솜씨도 놀라우려니와 차의 약효와 마시는 법을 일목요연하게 설명하는 말재주에 감탄이 절로 나왔다. 용정차를 마시면 당장 전신의 병이 다 나을 것 같은 달콤한 선전에 너도나도 차를 사지 않고는 배길 재간이 없었다. 솔직히 말하자면 차 맛은 한국 차에 비해 훨씬 못하고 가격은 월등히 비쌌다. 중국에서는 무조건 삼분의 일 가격으로 깎으라고 했는데 찻값은 예외였다.

중국의 4대 미인 서씨의 고향이라는 서호西湖에서 뱃놀이를 했다. 유람선에 탄 중국 청년들은 뱃놀이엔 관심이 없고 뱃전에 앉아 포커 놀이하느라 배가 떠나갈 듯 소란스러웠다. 기후가 온화하고 산수가 아름답다는 천년 고도. 예로부터 미인이 많다는 소주나 항주는 청바지차림의 젊은이들이 거리에 넘친다. 고유한 전통 같은 것은 찾아보기 힘들고 음식 또한 평준화된 느낌이다.

이번 중국여행의 볼거리는 산꼭대기의 인공호수 '오봉호'에 낭랑히 울려 퍼지던 '산 노래'다. 산 노래는 험준한 산 마을에서 짝을 구하는 여인들이 이 산 끝에서 저 산 끝까지 들리도록 목청을 가다듬어 부르는 구애의 노래다. 여인의 산 노래를 들은 총각이 저 산 끝 어디에서 화답하는 노래를 불러오고. 노래를 주고받으면서 산골 처녀총각의 애절한 사랑은 무르익는다.

여행이 끝날 때쯤 나는 걱정이 태산이었다. 〈여성농업경영자 과정〉의 연수에는 별로 도움이 되지 않을 관광만 하고 다녔기 때문이었다. 가이드한테 잠업이나 차밭 등 농업현장을 보여 달라고 떼를 써봤지만 허사였다. 하다못해 재래시장이라도 구경시켜 달라고 해봤지만 '여긴 산적들이 많아서요' 라는 대답뿐이었다. 잘 사는 나라 사람들이 무엇 땜에 못 사는 나라의 더러운 곳을 보려하느냐고 역정을 내는 데는 더 할말이 없었다. 이 가이드는 위성 안테나가 달린 집에 일찍 들어가서 한국 텔레비전을 보는 것이 인생 최고의 즐거움이라고 했다. 한국 텔레비전 드라마의 줄거리와 주인공의 이름, 가수 이름, 인기가요 순위와 노래가사도 쫙 꿰고 있었다. 이것이 내가 목격한 중국에서의 〈한류열풍〉이라는 것이다.

중국에서는 지역마다 각각 다른 가이드가 나왔는데 그들의 공통점은 '조선족 3세'다. 조선족 3세가 한국관광객의 가이드로 뽑히는 것은 한국말을 할 줄 안다는 장점 때문이다. 재미있는 것은 가이드들이 하나 같이 조선 13도의 사투리가 혼합된 말투를 사용하는 점이었다. 한 사람의 입에서 전라도 경상도 충청도 강원도 이북 말씨까지 골고루 반죽된 말이 나오다니 희한했다. 또 완성된 문장이나 경어가 아닌 말끝을 잘라먹는 나쁜 습관도 공통적으로 가지고 있었다. 올바른 우리말을 배울 기회가 없었는지 대학졸업의 고학력자들이 우리말을 제대로 구사할 줄 모르다니 실망스러웠다. 조선 13도의 이주민들이 자치구에 옹기종기 모여 살다보니 말씨가 서로 흡수 통합되어버렸는지 알 수 없지만 가이드라면 정확한 문장구사는 기본 아닌가. 용정 차 가게의 중국아가씨가 빼어난 한국말을 사용하는 것과는 극명한 대조를 이루었다.

여행 마지막 밤, 일행 몇몇이 아르바이트로 중국 참깨와 잣을 팔고 있다는 한국유학생에게서 참깨를 5Kg씩 샀다. 여성농업경영자 과정 학생으로서 중국농산물을 사는 것이 합당한가? 심히 고민되었지만 그냥 지나치지 못하고 샀다. 공항에 나오면서 보니 다른 여행객들은 아무도 참깨를 사오지 않았다. 이유인즉 올해 중국 참깨는 작황이 좋지 않아 알이 야물지 않다는 것이었다.

여행에서 돌아와 영농교육원에 나갔더니 누군가 "여성반이 중국 가서 참깨를 한 가마니나 사왔다면서? 아니 그럴 수 있나?"하고 소리치고 다녔다. 그 참깨로 기름을 짜서 다 먹을 동안 나는 반성에 반성을 거듭해야 했다. 이유야 어떻든 참깨 한 알이라도 사지 않았어야지 하는 반성이었다. 깨를 볶는 얼굴이 화끈화끈 달아오른다.

■ 연보

• 약력

1948년 10. 10	부산에서 태어남.
1968년	부산 데레사 여고 졸업.
1974년	결혼하여 순천 돼지농장으로 시집옴.
1988년	월간 ≪문학정신≫ 수필부문 신인상 수상.
1990년	제 26회 신동아 논픽션 최우수상. 〈우리들의 고향〉 첫 수필집 ≪돼지일가≫ 펴냄. ≪돼지일가≫로 전남문학상 수상.
1999년	돼지엄마 인도여행기 ≪마흔아홉에 세상을 보았네≫ 펴냄.
2000년	수필선집 ≪미소가 있는 아침≫ 펴냄. 여수 MBC '김수자의 노래가 있는 인생 30년' 6개월 진행.
2005년	순천청암대학 노인보건복지과 졸업.
2006년	수필집 ≪딸아 나 괜찮은 엄마지?≫발간.
2008년	여섯 번째 수필집 ≪낭만산골≫발간.
2008년 현재	순천시 낙안면에서 36년째 돼지농장 운영. 농민신문에 〈돼지엄마 김수자의 세상사는 이야기〉 집필 중.

현대수필가 100인선 · 36
김수자 수필선

돼지꿈

초판인쇄 | 2009년 2월 1일
초판발행 | 2009년 2월 5일

지은이 | 김 수 자
펴낸이 | 서 정 환
펴낸곳 | 좋은수필사

주 소 | 서울시 종로구 익선동 30-6
운현신화타워 빌딩 3층 305호
전 화 | 02)3675-5635, 063)275-4000
등 록 | 1984년 8월 17일 제28호
홈페이지 | http://www.shin-a.co.kr
e-mail | essay321@hanmail.net

값 7,000원

ISBN 978-89-5925-305-0 04810
ISBN 978-89-5925-247-3 (전 100권)